Marketing para Cosméticos

Uma Abordagem Internacional

Dados Internacionais de Catalogação na Publicação (CIP)
(Câmara Brasileira do Livro, SP, Brasil)

Garcillán, Mencía de
Marketing para cosméticos : uma abordagem internacional / Mencía de Garcillán ; tradução Vertice Translate ; revisão técnica Rose Ghachache. - São Paulo : Thomson Learning, 2008. - (Série profissional)

Título original: Marketing y cosmética
Bibliografia.
ISBN 978-85-221-0575-5

1. Cosmética 2. Cosméticos - Consumo 3. Cosméticos - Indústria 4. Marketing 5. Publicidade - Cosméticos I. Ghachache, Rose. II. Título. III. Série.

07-8665 CDD-646.720688

Índices para catálogo sistemático:

1. Cosmética e marketing 646.720688
2. Marketing e cosmética 646.720688

Marketing para Cosméticos

Uma Abordagem Internacional

Mencía de Garcillán

Tradução

Vertice Translate

Revisão técnica

Rose Ghachache

Pós-graduada em Marketing e Comunicações pela ESPM, professora da pós-graduação da Universidade Osvaldo Cruz na Faculdade de Cosmetologia. Atua no Planejamento Estratégico e Desenvolvimento de Produtos do Setor Cosmético. Membro da diretoria da Associação Pro-Cor do Brasil

THOMSON™

Austrália Brasil Canadá Cingapura Espanha Estados Unidos México Reino Unido

THOMSON™

Gerente Editorial:
Patricia La Rosa

Editora de Desenvolvimento:
Renatha Prado

Supervisor de Produção Editorial:
Fábio Gonçalves

Supervisora de Produção Gráfica:
Fabiana Alencar Albuquerque

Título original:
Marketing y cosmética
ISBN: 84-7356-418-9

Tradução:
Vertice Translate

Revisão técnica:
Rose Ghachache

Copidesque:
Salete Del Guerra

Revisão:
Maria Alice da Costa
Ana Paula Ribeiro

Composição:
Zeta Studio

Capa:
Gabinete de Artes

Impresso no Brasil.
Printed in Brazil.
1 2 3 4 10 09 08

Outubro de 2007.

Condomínio E-Business
Rua Werner Siemens, 111
Prédio 20 Espaço 3
Lapa de Baixo – CEP 05069-900
São Paulo-SP
Tel.: (11) 3665-9900
Fax: (11) 3665-9901

sac@thomsonlearning.com.br
www.thomsonlearning.com.br

Esta editora empenhou-se em contatar os responsáveis pelos direitos autorais de todas as imagens e de outros materiais utilizados neste livro. Se porventura for constatada a omissão involuntária na identificação de algum deles, dispomo-nos a efetuar, futuramente, os possíveis acertos.

Dados Internacionais de Catalogação na Publicação (CIP)
(Câmara Brasileira do Livro, SP, Brasil)

Garcillán, Mencía de
Marketing para cosméticos : uma abordagem internacional / Mencía de Garcillán ; tradução Vertice Translate ; revisão técnica Rose Ghachache. – São Paulo : Thomson Learning, 2008. – (Série profissional)
Título original: Marketing y cosmética
Bibliografia.
ISBN 978-85-221-0575-5
1. Cosmética 2. Cosméticos - Consumo 3. Cosméticos - Indústria 4. Marketing 5. Publicidade - Cosméticos I. Ghachache, Rose. II. Título. III. Série.

07-8665 CDD-646.720688

Índices para catálogo sistemático:
1. Cosmética e marketing 646.720688
2. Marketing e cosmética 646.720688

Para Aitor
Para meus pais
Para Rocío

Agradeço imensamente a Ildefonso Grande pela confiança depositada em mim e pela oportunidade de escrever este livro. Ildefonso, li certa vez em um de seus livros uma frase que me chamou a atenção e que agora pude comprovar: "escrever um livro é um caminho longo, um presente, intangível... como as coisas verdadeiramente importantes". Agradeço a oportunidade de poder percorrer esse grande caminho.

Sumário

APRESENTAÇÃO

> Ser incapaz de se entusiasmar é sinal de mediocridade.
>
> René Descartes (1596-1650)
> Filósofo, físico e matemático francês

Constante chuva de lançamentos de produtos cosméticos o ano todo; figuras famosas que inundam as telas da televisão, emissoras de rádio, páginas de revistas, outdoors e anúncios publicitários pelas ruas; campanhas publicitárias agressivas; modismos impostos à força; preocupação demasiada com a marca... Será que as empresas e nós, os consumidores, realmente precisamos de tudo isso? Tudo isso nos leva a quê?

Por meio deste livro, tentei vincular meus conhecimentos de marketing, aplicados em sala de aula, ao setor da cosmética, mercado com o qual trabalho. A cosmética é um mundo muito especial e contrastante, em que o produto mais básico convive com o perfume mais luxuoso e sofisticado.

Trata-se de um setor muito mais complexo do que o consumidor imagina. Por trás de cada produto há um grande processo de desenvolvimento da marca, do logotipo, da embalagem, das cores, do tamanho, da textura, da fragrância, assim como há um estudo exaustivo com relação aos preços, distribuidores e estratégias de publicidade e promoção que serão empregados.

Com este livro, pretende-se responder a todas essas questões que estão na cabeça de muitos consumidores que presenciam esse fenômeno dia a dia.

Capítulo 1

A situação atual do mercado da cosmética

1.1 INTRODUÇÃO

O setor de higiene pessoal, perfumaria e cosméticos foi capaz de sobreviver à Revolução Industrial, evoluindo do artesanal para uma das indústrias mais modernas. Deixou, portanto, de ser privilégio de poucos e passou ao alcance de todos.

Um mundo muito especial, contrastante e cheio de encantos, no qual convivem desde o produto mais básico de higiene, como o sabonete, até o produto mais luxuoso e sofisticado. Produtos com finalidades e preços distintos, alguns imprescindíveis e de primeira necessidade, outros nem tanto.

É um mundo muito mais complexo do que o consumidor imagina, porque há muitas pesquisas e processos de elaboração envolvidos. Atualmente, a produção requer processos sofisticados, sustentados por grandes estruturas, tanto materiais como humanas. Como resultado disso e também de uma preocupação constante em diminuir os custos de fabricação para atingir preços mais competitivos, a maioria das empresas que operam na Espanha, por exemplo, não possui fábricas, pois concentram seus esforços na importação e na colocação no mercado das marcas que representam. Para cada duas fábricas instaladas na Espanha que têm produção própria, existem cerca de oito que importam seus produtos. No setor da cosmética e perfumaria, Estados Unidos e Japão lideram o mercado mundial.[1] A Espanha, dentro da União Européia ocupa a quinta posição. Os consumidores espanhóis são atendidos por cerca de 300 empresas que colocam à disposição aproximadamente mil marcas de produtos de perfumaria e cosmética, divididos em cinco grandes famílias de produtos: higiene, fragrâncias, cuidados com o cabelo, cuidados com a pele e maquiagem.

O mercado espanhol é especial. Por ser um país de sol e praia, difere dos hábitos de outros países europeus. Fragrâncias frescas, filtros solares e cremes hidratantes são imprescindíveis para a manutenção de uma pele bronzeada, porém saudável.

A partir de 1998, o crescimento, que ainda ocorre, tornou-se mais moderado, o que parece indicar uma desaceleração. Em 2002, o setor que mais cresceu em relação aos canais de distribuição foi o de seletividade (11,19%) e, no quesito família, o de cuidado com a pele (8,73%). A divisão desses dados entre os mercados é muito estável. Praticamente não houve variações nos últimos cinco anos, e cerca de 50% representam os produtos de grande consumo, 20% os do canal seletivo e os 30% restantes dividem-se entre os produtos de farmácia, para o cabelo e venda direta.

1 O Brasil ocupa a terceira posição no ranking mundial dos maiores consumidores de produtos cosméticos, de acordo com dados do instituto de pesquisas Euromonitor. *Fonte*: *Diário do Comércio-SP*, www.dcomercio.com.br/noticias_online/768904.htm, 15 mar. 2007. (NRT)

Os principais desafios que esse setor enfrenta na Espanha são aqueles comuns ao mercado em geral: consumidores cada vez mais preparados e exigentes, concentração da distribuição, surgimento de novos sistemas de venda (internet), a ampliação do mercado europeu e a harmonização legislativa em todos os campos de atividade.

1.2 O MERCADO EM CIFRAS

Consumidores cada vez mais experientes e exigentes, concentração da distribuição, surgimento de novos sistemas de venda, ampliação do mercado europeu e acordos legais em todos os campos de atividade certamente afetam as grandes tendências dos mercados de produtos básicos para o lar.

A ACNielsen (2004), empresa de informações mercadológicas, em suas pesquisas envolvendo o varejo e os domicílios, analisou os mercados de alimentação (enlatada e *in natura*), drogaria/perfumaria, eletrodomésticos, tabaco e produtos farmacêuticos, somando 66.571 milhões de euros, cerca de 30% do orçamento familiar dos lares espanhóis. Os mercados de alimentação e drogaria representam o montante mais significativo, cerca de 70%, seguidos dos 13,5% referentes ao tabaco, 9,6% a eletrodomésticos e 8,2% a produtos de farmácia.

Na Espanha, os lugares onde os consumidores fazem compras também estão mudando. Nos últimos anos, as compras de alimentação, produtos *in natura* e drogaria/perfumaria ocorrem, em sua maioria, em supermercados de 1.000 a 2.499 metros quadrados, que estão ganhando terreno em detrimento dos hipermercados, lojas especializadas em produtos *in natura*, lojas tradicionais e lojas de vizinhança, que são as preferidas pelos consumidores, pois situam-se nas proximidades de suas residências, além disso, oferecem uma variedade de produtos cada vez maior.[2] As vendas nos supermercados de médio porte (de 400 a 999 metros quadrados) estão crescendo de forma moderada, basicamente esse é o formato de hard discount.[3]

Para comprar produtos de drogaria/perfumaria, cada vez mais os consumidores estão recorrendo aos supermercados em vez de ir a outros tipos de estabelecimento.

A ACNielsen fez um estudo com base na análise da evolução do valor das vendas de determinados produtos dirigidos ao consumidor final, em 56 países da Ásia-Pacífico, da Europa, da América Latina, da América do Norte e em mercados emergentes. Nesses países – que englobam mais de 75% da população mundial –, as vendas mundiais de produtos para o lar (produtos de grande consumo) somam mais de 95%. Para obter uma visão ampla da evolução do mercado de cuidados pessoais nesses 56 países, a ACNielsen incluiu na pesquisa cerca de 60 categorias de produtos de cuidado pessoal, que foram agrupados posteriormente em nove grandes áreas de produtos com o objetivo de promover uma análise mais exaustiva: cuidados com o bebê; cosméti-

2 No Brasil, observamos esse mesmo movimento, com o crescimento do canal "mercadinhos de bairro" para o setor cosmético. (NRT)

3 Tem o foco predominantemente nos descontos agressivos, ou seja, no preço baixo, pois as lojas trabalham com sortimento de mercadorias e com marcas próprias ou, então, possuem alguma bandeira e, com isso, oferecem o melhor preço. Muito comum na Europa, está se fortalecendo no Brasil. Algumas redes que se destacam são: Pão de Açúcar, Carrefour, Makro e Wal-Mart. O formato de hard discount também se relaciona com o varejo ou lojas de vizinhança. *Fonte*: www.assessoriarh.com/entrevista01.php. (NE)

cos; cuidados com o cabelo; produtos à base de celulose; higiene bucal; limpeza e higiene corporal; limpeza e higiene facial; protetores solares; e produtos para depilação.

A pesquisa revelou que o crescimento do consumo de produtos de cuidado pessoal varia muito de acordo com a região. América Latina, partes da Ásia, Europa Oriental, Oriente Médio e África experimentam os maiores crescimentos numéricos em várias categorias, ao passo que a maioria dos países mais desenvolvidos apresenta uma evolução de importância percentual menor.

Nos mercados mais desenvolvidos, o crescimento não é tão significativo. Na América do Norte, seis das nove áreas de produtos de cuidado pessoal tiveram queda nas vendas. As três que mais cresceram foram higiene bucal, limpeza e cuidados com o cabelo e cremes faciais.

Outro aspecto interessante é a importância crescente da marca própria em produtos de drogaria/perfumaria.

Em comparação com os demais países da Europa, na Espanha as marcas próprias ocupam uma posição intermediária entre os 38,5% de importância na Grã-Bretanha e 11,1%, na Itália. A Espanha é o país onde essas marcas ganharam maior participação nos últimos anos.

O preço continua sendo um fator importante na decisão dos consumidores, pois o preço das marcas próprias na Espanha é cerca de 24% menor que a média de preço dos outros produtos. Entretanto, há categorias em que a marca própria apresenta preços semelhantes ou até superiores aos praticados pelas marcas de fabricantes.

Cabe ressaltar que as marcas próprias, além de se diferenciarem no preço, também utilizam outra estratégia de serviço: uma oferta maior, a ponto de haver um mimetismo entre estas e as marcas líderes. Algumas categorias, que há pouco tempo eram intangíveis para as marcas próprias, apresentam um aumento em suas vendas, como maquiagem/produtos para cuidado facial.

Considerando-se as categorias de produtos, as de cuidado pessoal e cuidado com a saúde mostram as maiores diferenças de preço, superiores a 40%.

A internet é outra forma de venda. Esse canal, a cada dia, ocupa papel mais relevante na venda de produtos do setor de higiene pessoal, perfumaria e cosméticos.

Capítulo 2

Cosmética: padrões de consumo

2.1 INTRODUÇÃO

Os consumidores estão mais críticos, exigentes, reflexivos e informados ao fazer suas compras. Está cada vez mais difícil convencê-los a comprar o que não necessitam. Eles valorizam principalmente as inovações que contribuem para sua comodidade, os produtos que facilitam seu trabalho e aqueles mais eficazes.

A inovação permanente, o lançamento de novos produtos e o direcionamento a todos os segmentos de consumidores são peças-chave para o sucesso das grandes marcas. Em especial, estas devem levar em conta os fatores internos e externos que afetam o processo de compra do produto.

2.2 COSMÉTICA E INFLUÊNCIAS INTERNAS

2.2.1 Percepção

A **percepção** é um dos fatores que mais influem no comportamento de compra do consumidor.

Todo consumidor analisa a conveniência de adquirir um produto ou contratar um serviço, tentando tomar decisões, por meio de sua percepção da realidade, que minimizem os riscos. Isso significa que o consumidor tentará prever e evitar as conseqüências indesejadas que um produto novo pode trazer, pois teme que este não satisfaça suas necessidades como o esperado. Destacam-se duas fases distintas nesse processo: o tipo de informação obtida e a forma de obtê-la.

A percepção é considerada a imagem mental que se forma com a ajuda da experiência e das necessidades. É um processo de seleção, interpretação e correção de sensações. O elemento principal para o sucesso de uma campanha publicitária é **o receptor** – público-alvo da comunicação. As campanhas deverão chamar a atenção do indivíduo e a informação deverá ser interpretada corretamente, de acordo com a previsão do emissor. As empresas determinarão seu nicho para conseguir estabelecer um comportamento e/ou atitude determinados. Dessa forma, as mensagens publicitárias formarão, reforçarão e modificarão atitudes para desenvolver um comportamento, por meio da imagem do produto criada na mente do receptor.[1]

A resposta do mercado com relação a um produto ou serviço determinado dependerá de como estes forem percebidos. O departamento de marketing analisará a importância da percepção para explicar as demandas dos consumidores e as ações da empresa, destinadas a satisfazer as necessidades dos indivíduos. É por esse motivo que políticas de atuação coerentes com a percepção que se espera obter do consumidor são desenvolvidas.

1 No Brasil, o ponto-de-venda e a indicação exercem forte poder de persuasão, além da mídia. (NRT)

Todos esses conceitos teóricos estão refletidos nos anúncios publicitários de produtos cosméticos e perfumes.

✱ *Campanha de TV* – Curious Britney Spears

A campanha de TV referente ao perfume *Curious*[2] foi estrelada pela cantora pop Britney Spears, como forma de atração. O anúncio foi produzido e transmitido nos Estados Unidos.

A escolha da cantora Britney Spears não foi por acaso. O objetivo era ter maior audiência e percepção do público, e tentar potencializar o processo de seleção, uma das influências internas, conseguindo maior atenção do público com a menor quantidade de estímulos possível. Além disso, tanto nos Estados Unidos como em vários outros países, ela é relacionada com a população feminina jovem, faixa etária à qual o anúncio é dirigido. Isso faz que o público-alvo perceba os estímulos aos quais são expostos mais facilmente e relacione suas necessidades com seus interesses (atenção seletiva).

Outra importante característica é a agilidade e o frenesi apresentados, fazendo que o consumidor perceba que se trata de um perfume juvenil, agressivo e, acima de tudo, passa uma sensação de vitalidade. Nota-se isso graças à sucessão de seqüências iniciada com uma troca de olhares entre os personagens. Ambos, excitados, aproximam-se da porta da casa e, nesse momento, surge uma série

2 A campanha do perfume *Curious* foi ao ar em setembro de 2004. Após o fenômeno de vendas do perfume – em apenas quatro meses após seu lançamento, gerou o equivalente a 36 milhões de dólares –, a empresa Elizabeth Arden, dona da marca, criou mais dois perfumes com a assinatura de Britney Spears, Fantasy e In Control. *Fontes:* http://beauty.about.com/b/a/096658.htm; www.youtube.com/watch?v=e6-2cn8YlGs (NE)

de imagens evocando o amor. Tudo ocorre sem que os personagens percebam, pois estão separados pela porta, supondo-se que o único estímulo que sentem seja a fragrância do perfume. Dessa forma, ressaltam-se as qualidades do produto anunciado.

Outro fator que gera maior percepção no público é a música. No início, é relaxante, mas, à medida que os personagens se aproximam da porta, o ritmo é incrementado até que a música acabe por completo ao final do anúncio. Um aspecto curioso são as batidas do coração, que podem ser ouvidas durante todo o tempo, e como essas batidas se aceleram cada vez mais até que o anúncio termina, quando já estão muito aceleradas. Os vários jogos de luz em cenas diferentes também são importantes. Quando ela está sentada na cama, a cena é mais escura, um convite à reflexão, ao passo que, quando os personagens desejam um ao outro, a claridade das cenas aumenta e as cores tornam-se mais vivas.

Na última cena, o perfume é apresentado em um fundo preto, cor que provoca no público uma sensação de elegância e prestígio. O produto é azul-turquesa, cor adequada ao público-alvo, pois a cor verde dá um ar primaveril, jovem e autônomo ao produto, e a cor azul traz a sensação de amor, calma e ternura. Cabe, por último, comentar o slogan utilizado no final do anúncio: "A new fragrance". Este é breve, atraente e fácil de memorizar, além de enfatizar a palavra *new*, o que traz a sensação de novidade.

✷ *Campanha de TV* – Pantene Pro-V

Na Espanha, foi veiculado o comercial da máscara capilar *Pantene Pro-V*, da Procter & Gamble, que, ao contrário do anúncio do perfume *Curious*, que tinha como garota-propaganda Britney Spears, os anunciantes resolveram usar uma pessoa desconhecida. Esse caso é excepcional no mundo da cosmética feminina, pois a utilização de celebridades, para a promoção desse tipo de produto, é quase uma regra.

A escolha de uma "desconhecida" leva à percepção de que um produto como essa máscara possui propriedades "maravilhosas" ao alcance de uma pessoa "comum", o que provoca uma identificação e o desejo de adquirir aquele produto. Essa identificação é reforçada por meio do pano de fundo: a protagonista sentada na sala de sua casa, assim como qualquer consumidora da marca poderia estar. A voz em off explica as diferentes propriedades do produto; para chamar a atenção, palavras como "reparar", "proteger", "hidratar o cabelo quebradiço" e "cabelos saudáveis, fortes e brilhantes" são utilizadas – qualidades essenciais na escolha desse tipo de produto. Diferentes takes mostram como o cabelo da protagonista é saudável, dando sensação de leveza.

Também é possível observar as diferentes "moléculas" que penetram nos fios do cabelo, o que gera uma percepção de inovação. Além disso, a protagonista enfatiza como é possível conseguir cabelos saudáveis e brilhantes por meio da utilização do produto, o qual diz ser um "Cabelo Pantene",[3] correlacionando beleza à própria marca.

3 Do original em espanhol: Pelo Pantene. "Cabelo Pantene" é um termo utilizado no mercado português para designar um cabelo saudável, forte e brilhante. Em Portugal, desde 2001, a P&G realiza um concurso para eleger a garota e o garoto "Cabelo Pantene". Na Espanha, o concurso está na oitava edição. *Fontes:* http://217.116.18.114/cabelopantene/index.aspx; www.pelopantene.es. (NE)

Cabe ressaltar o slogan final, também comum a outros produtos da marca: "Pantene Pro-V, paixão por um cabelo saudável" ("Pantene Pro-V, pasión por un pelo sano"). Com esse slogan, o público percebe uma relação entre o produto e a saúde do cabelo, qualidade apreciada pelos consumidores.

✹ *Campanha de TV – Astor Lycra Flex*

Este anúncio refere-se a um produto de cuidado pessoal, mais especificamente um cosmético dirigido ao público feminino. A empresa "Astor" lança sua linha de esmaltes para unha, chamada "Astor, Lycra Flex", com um novo componente, a lycra. Para a realização da campanha publicitária, escolheu um casal.

A escolha desse casal não parece ter sido casual, já que se trata de dois modelos jovens, elegantes, bem vestidos e maquiados, preocupados com a moda e a estética. Ela é a consumidora, pois não é comum que um homem compre esse tipo de produto. Ambos estão vestidos de preto, o que denota o prestígio e a elegância anteriormente citados. Nenhum dos dois fala uma palavra sequer. Apenas uma voz em off descreve a característica principal, a novidade do produto: a **lycra**.

Na seqüência, aparecem as cores preta, vermelha e branca. A função do preto já foi descrita anteriormente. O vermelho aparece nas unhas; no vidro de esmalte, que possui as cores corporativas da empresa; e nas paredes de fundo do cenário. Por meio dessa cor, pretende-se transmitir primeiro uma sensação de calor e dinamismo, que se transforma em uma sensação de sucesso e agressividade no momento em que o vidro se choca contra a unha, que não se quebra. Não é possível determinar se houve a pretensão de simbolizar alguma relação amorosa entre os protagonistas, ainda que certamente simbolize a sexualidade da mulher e passe a percepção de que é possível ser como ela se o produto for utilizado. Já o branco, que se mistura com o vermelho de fundo, significa transparência, higiene, limpeza e segurança, em razão de ser este um produto de cuidado pessoal.

A mensagem refere-se ao novo produto. É importante destacar a insistência no uso de termos como "novo", "o primeiro esmalte", entre outros, na tentativa de ressaltar que se trata de um produto novo e original dessa marca e despertar o interesse no público-alvo, nesse caso, o feminino. A palavra *Lycra* também aparece com notoriedade, tanto pela voz em off como escrita no vidro de esmalte, na unha e no plano de fundo, ao final da propaganda. Essa novidade é capaz de resistir aos impactos, fator pelo qual a Astor se vangloria nessa campanha. Além disso, enfatiza-se a durabilidade do esmalte nas unhas, garantindo-se até cinco dias de brilho e resistência.

Por fim, surge a protagonista mostrando suas unhas e a palavra *nova* ao lado da marca do produto. Na parte inferior direita estão o nome da empresa, Astor, e seu slogan, "Simplesmente irresistível", evoca a idéia de que as mulheres que comprarem esse produto se sentirão dessa forma, irresistíveis e desejadas.

Campanha de TV – Colorterapia *de Agatha Ruiz de la Prada*

O objetivo da campanha da linha de gel de banho *Colorterapia*, da designer espanhola Agatha Ruiz de la Prada, é o mesmo: chamar a atenção do público, porém, nesse caso, de maneira diferente: utilizar é a **simplicidade**. As campanhas de TV costumam apresentar imagens rápidas com música em ritmo acelerado. Neste, há três cenas com música relaxante e voz em off insinuante.

Na primeira cena, a tela aparece completamente vermelha. Essa cor se relaciona com elementos ou ações como desejo, amor, sexualidade ou agressividade, mas o próprio anúncio cria uma relação implícita entre a cor vermelha e a **paixão**. A voz em off diz: "Este comercial provocará em você uma paixão avassaladora". Em uma cena simples, utiliza-se uma combinação de cores, vermelho, amarelo e branco, para chamar ainda mais a atenção.

A combinação de cores é baseada na lei da semelhança ou da similaridade da ***Escola da Gestalt***, a qual estabelece uma série de princípios atuantes quando os indivíduos estruturam uma percepção. De acordo com tais princípios, estímulos semelhantes tendem a formar grupos perceptuais. No caso desse anúncio, a identidade comum a todos os produtos que levam a marca Agatha Ruiz de la Prada são as cores e as figuras ousadas. O público relacionará o anúncio com a marca facilmente. A combinação de cores também aparece na última cena, em que os diferentes tipos de géis de banho são apresentados. São embalagens verticais que refletem agressividade, eficácia e dinamismo, sentimentos estes corroborados pela voz em off que finaliza com a frase: "Colorterapia de Agatha Ruiz de la Prada, o primeiro gel de banho que mudará seu estado de espírito". Durante a propaganda, o telespectador agrupará os estímulos e perceberá que o uso do gel *Colorterapia* fará que ele se torne uma pessoa mais apaixonada.

No final, aparecem os diferentes tipos de géis de banho, mostra-se, na horizontal e com cores diversas, o nome da marca, que coincide com o nome da designer, relacionando-se, porém, a imagem da marca, composta por cores intensas e figuras ousadas, à elegância e ao prestígio obtidos, ao longo do tempo, pela figura de Agatha Ruiz de la Prada. Pode-se afirmar que a percepção da marca é muito enfatizada por meio do anúncio.

Vale ressaltar que as cores vivas, representadas nas embalagens, aparecem quando uma mão feminina desembaça o vidro que está diante das embalagens, fazendo que estas se tornem visíveis, buscando uma relação com os vidros e boxes dos banheiros etc.

✱ *Campanha de TV – Johnson's Baby com camomila*

Este anúncio do shampoo Johnson's com camomila mostra mãe e filha brincando de esconde-esconde, e, em razão do brilho que o shampoo dá ao cabelo da filha, a mãe logo a encontra. O argumento é que, com esse produto, seu cabelo terá "um brilho que não dá para esconder". Esse jogo de palavras atinge o público. O produto anunciado visa claramente satisfazer uma necessidade: oferecer um cabelo brilhante, uma vez que contém extratos naturais de camomila.

Para analisar e descobrir se uma campanha terá sucesso, é preciso considerar **dois aspectos fundamentais**, que, nesse caso, especificamente foram cumpridos à risca:

- **Que chame a atenção**: isso é possível por meio dos argumentos e, acima de tudo, pelo ritmo que a música impõe (contagiante, animado, alegre e muito ativo). Possui um nível de intensidade intermediário (nem o máximo nem o mínimo) e, por isso, não se pode dizer que contém alguma mensagem subliminar.

- **Que seja interpretado corretamente**: este anúncio não apresenta nenhuma dificuldade de ser percebido e interpretado, pois a mensagem é muito simples e direta.

Além disso, apresenta uma multiplicidade de sensações (fatores externos), percebidas pela audição e visão, que estão relacionadas com o produto em si e com influências internas, ativadas pelas atrizes que atuam no comercial, pelo pano de fundo e pela música.

Quando se fala do processo de percepção, é fundamental citar suas três fases.

A primeira é com relação à ***seleção***, nas campanhas publicitárias sempre se busca estimular o consumidor por meio de sua **motivação**, chamando sua atenção (slogans, cores, embalagem etc.) e criando uma campanha fácil de se lembrar (ritmo musical, por exemplo). Outro aspecto presente na do shampoo é o **fator novidade**, em dois sentidos: em nomear o produto com um componente natural, a camomila; e em elaborar a frase da embalagem "não chore mais", muito atrativa por ser um shampoo para crianças.

Na segunda fase, com relação à ***organização*** dos estímulos, é importante lembrar do enunciado da Escola da Gestalt para estudar o conteúdo da mensagem publicitária, que deve ser simples, direto e fácil de interpretar. São alguns dos princípios básicos de tal escola:

- **Relação entre figura e fundo**: o fundo é o menos importante, mas nem por isso pode ser esquecido, pois exerce grande utilidade como segundo plano. Nesse anúncio, o fundo apresenta cores relacionadas com a natureza e a pureza, verde e amarelo brilhantes.

- **Agrupamento ou proximidade**: associam-se os estímulos por meio do "brilhante" shampoo Johnson's camomila.

- **Lei da associação**: importância da decoração e do fundo. Nesse caso, mãe e filha aparecem brincando em um parque cheio de flores, rodeadas pela natureza, passando uma imagem mais natural ao novo shampoo.

A última fase da percepção, a ***interpretação***, dá o significado mais adequado possível e tenta mostrar ao público as características do shampoo que mais se destacam. Vários tipos de percepções são utilizados:

- **Percepção da marca**: as compras estão costumeiramente vinculadas à marca **Johnson's**, denominação repetida diversas vezes na propaganda. Possivelmente, a repetição mais relevante se dá ao final, quando o volume do fundo musical é diminuído e a única coisa que se escuta é o nome da marca e sua característica de conter extratos naturais de camomila.

- **Percepção dos fatores publicitários**: o logotipo é o nome da marca, Shampoo Johnson's Baby. Já o **slogan** é "para um cabelo mais brilhante", breve e fácil de memorizar. Outras **palavras** sugestivas são: brilho e extratos naturais. Já a relevância da estética é notada por meio do **cromatismo**. Por meio da afetividade que rodeia as atrizes (mãe e filha), sugere-se que esse shampoo serve para todas as idades. O **meio** pelo qual esse produto será exposto é fundamentalmente a televisão, pelo menos esse anúncio específico.

Vale enfatizar como esse tipo de mensagem publicitária **chama nossa atenção**, analisando-se separadamente vários fatores que já foram tratados aqui:

Cores: têm a função básica de chamar a atenção para o produto anunciado, nesse caso, um shampoo. Para tanto, duas tonalidades são utilizadas, uma amarelada e outra esverdeada, na intenção de transmitir dois conceitos: brilho e naturalidade. Esse brilho é representado pelos cabelos loiros da mãe e da filha e pela embalagem e cor do shampoo, o que cria uma impressão agradável. É preciso levar em conta que o amarelo significa espontaneidade, otimismo, alegria e originalidade, características explícitas no anúncio.

Já o verde aparece no pano de fundo (árvores, gramados etc.), destacando a tampinha e o rótulo da embalagem, além de remeter à camomila, que é um dos princípios ativos do produto.

Música: durante toda a propaganda. Exerce papel fundamental para alcançar o telespectador. O fundo musical escolhido é bastante chamativo, pois possui força e ritmo suficientes para estimular o consumidor potencial, além de ser tão contagiante que se torna quase impossível não cantarolar o jingle.

Formas: a embalagem apresenta uma forma arredondada para passar a idéia de um shampoo suave, natural e pouco prejudicial ao cabelo.

✸ *Campanha da Clinique Simply*

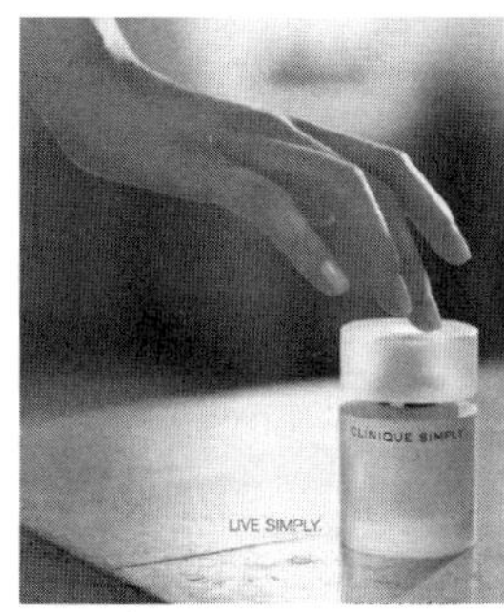

Esta campanha foi veiculada em uma revista de celebridades – outro meio de comunicação muito utilizado pelo setor de higiene pessoal, perfumaria e cosméticos – para atingir seu público, nesse caso, a revista espanhola *Diez Minutos*. O objetivo é analisar os métodos que essa mídia utiliza para chamar a atenção do consumidor, comparando-os com aqueles utilizados pelas campanhas de TV.

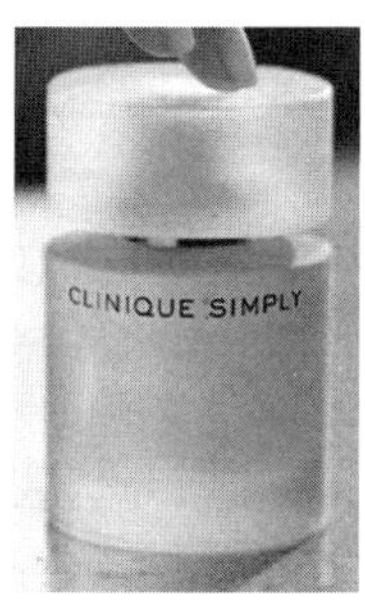

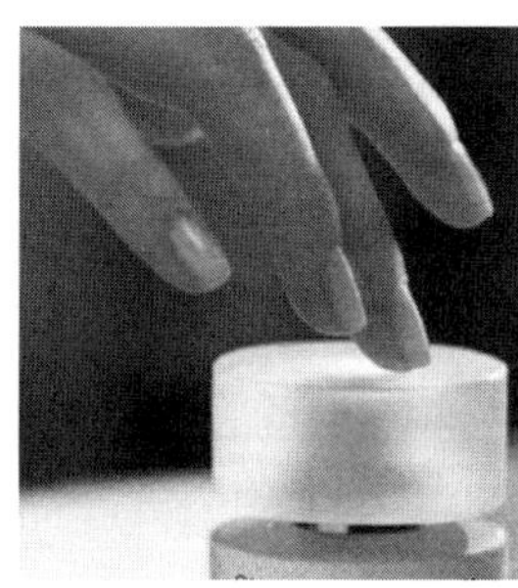

Aqui, o processo de interpretação é mais importante porque o leitor não recebe tanta informação quanto as vinculadas em campanhas de TV. Em geral, com uma única imagem, os estímulos, previamente selecionados e organizados, deverão ser incitados. A experiência do indivíduo e suas motivações, interesses pessoais e interações com outras pessoas influirão muito.

A campanha escolhida é a do perfume *Clinique Simply*, da Clinique, marca mundial em cosméticos hipoalergênicos, com maquiagens, produtos para cabelo e fragrâncias.

O processo de seleção também é importante; em primeiro plano, aparece uma mão feminina acariciando o perfume e um fundo desfocado, o que pode levar a mais de uma interpretação. A imagem utiliza o primeiro plano e a luz para chamar a atenção do leitor.

A embalagem é destacada e apresentada em primeiro plano, um close que dura quase um quinto do tempo total do anúncio. Deve ser assim porque é importante que a consumidora potencial lembre-se de como é a embalagem para reconhecê-la no momento da compra. A cor da embalagem, um laranja mesclado, também é destacada, como se estivesse iluminada. Almeja-se ressaltar a inovação (a combinação de leite de soja com madeira úmida) e o frescor e segurança que o perfume *Clinique Simply* traz. No geral, a campanha tem um aspecto alaranjado, cor relacionada à pureza, mas também à paixão, ao calor, ao desejo, à sexualidade, ao poder, ao orgulho, ao domínio etc. Além disso, a embalagem contém, na horizontal, o nome da empresa e da fragrância, *Clinique Simply*, o que denota, como foi falado anteriormente, elegância e prestígio, pois trata-se de uma empresa importante do setor cosmético. Essa é uma estratégia para que o leitor da revista se lembre da marca.

Agora, analisaremos a mão que acaricia a embalagem. Essa ação sugere que a pessoa tem confiança e segurança no perfume, para que a leitora se sinta estimulada a adquirir semelhante confiança. Pode ser que essa segurança no perfume seja explicada pela parte desfocada do anúncio, no segundo plano. Uma figura também de cor alaranjada é mostrada, como se fosse uma figura humana despida e deitada. Essa conclusão advém do fato de que as campanhas de fragrâncias costumam insinuar que seu uso leva as pessoas a serem mais atraentes que aquelas que não a usam. Pretende-se mostrar que *Clinique Simply* é uma maneira "simples" de conquistar os objetivos próprios. O slogan diz em letras maiúsculas: "LIVE SIMPLY.", isto é, viva de maneira simples e *ponto*. Somente duas palavras compõem o slogan, o que dá a sensação de simplicidade, muito embora, como já mencionado, este seja, de certo modo, ambíguo.

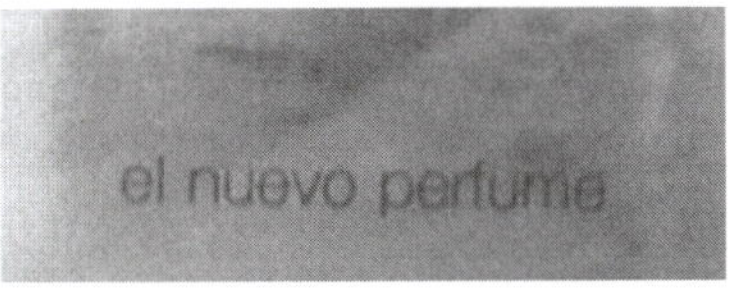

Destaca-se também a frase abaixo do frasco: "o novo perfume" ("el nuevo perfume"), o que incentiva ainda mais o teste da fragrância.

✷ *Sensodyne*

Apresentam-se aqui dois anúncios de creme dental da mesma empresa, que são quase idênticos. Os anúncios jogam com a mesma percepção, mas as mensagens são opostas.

Ambos utilizam os mesmos tons de cores (fundo azul-claro e objetos e letras brancos), típicos de produtos para a higiene dental. Ressaltam-se, com essas cores, a limpeza, a busca por dentes brancos e um toque de frescor, dado pelo azul.

O produto está situado na parte superior do anúncio, não muito grande, mas apreciável com facilidade, e bem abaixo em letras brancas, o slogan: "A solução para a sensibilidade nos dentes".

Na parte inferior do anúncio, há imagens de um alimento quente e de uma bebida fria, com muitas pedras de gelo. Até que se leia a parte central, há pouca relação entre essas imagens e o creme dental. Tais imagens ocupam um terço ou metade do tempo total do anúncio.

Na parte central, tenta-se chamar a atenção do leitor com letras muito grandes e frases simples, mas que, a princípio, não guardam muita relação com um creme dental: "volte a comer alimentos quentes" ou "refresque-se à vontade". Imediatamente abaixo, explica-se que esse creme dental protege os dentes e a gengiva, permitindo, assim, que se coma alimentos e beba bebidas tanto quentes quanto frios. Ambos os anúncios ressaltam a mesma qualidade do produto da mesma maneira, mas por meios opostos. A percepção desses anúncios é que em um se ressalta a eficácia da proteção contra o frio e, em outro, a mesma eficácia contra o calor.

✷ *Clinique*

Há melhor forma de chamar a atenção do público do que com um anúncio terno e afetivo? A Clinique adota perfeitamente a técnica da ternura para chamar a atenção do público para seu produto de renovação celular.

Há um fundo branco e um pintinho esbranquiçado, de forma que a embalagem, com cores agressivas, chame a atenção, em contraste ao branco imaculado. Por estar em cima da embalagem, o pintinho se destaca, assim como as cascas quebradas a seu redor, que representam o início da vida.

O pintinho representa ternura, delicadeza, limpeza, vulnerabilidade e, ainda que o creme seja a coisa mais chamativa, por causa das cores, é o centro das atenções.

Na parte superior, há uma frase, que explica a imagem, escrita em preto e com letras maiúsculas (uma nova vida para sua pele). Na parte inferior, há um parágrafo em que se explica o benefício básico do produto, sem que nenhuma informação técnica seja ressaltada. A marca do produto aparece na própria embalagem e, por isso, não é mencionada novamente.

* *Deep – Davidoff*

À primeira vista, devido às diferentes tonalidades de azul, o "frio" é o que chama a atenção para o anúncio. Trabalha-se com vários tons, dos quais se destaca o azul-marinho na parte inferior, onde Davidoff posiciona, à direita, seu produto, um frasco azul-claro e cinza, que representa elegância, característica típica dos perfumes destinados ao sexo masculino. À medida que se sobe à parte superior do anúncio, tonalidades mais claras de azul aparecem.

O anúncio é muito simples; as únicas palavras que aparecem são o nome da marca na parte superior direita e, imediatamente abaixo, com letras maiores, o nome da nova fragrância *Deep* (*profundo, profundidade*). O slogan diz: "a nova fragrância para homens" ("the new fragrance for men").

Aquilo que mais chama a atenção para o anúncio é a imagem de fundo, com as cores comentadas anteriormente. É o reflexo de um homem, mergulhando no mar, e do Sol, refletido na água. A imagem é espetacular e dá um ar de frescor à fragrância.

O anúncio não explica mais nada além de fornecer, em letras pequenas na parte inferior esquerda, a página da internet em que há mais informações sobre o novo produto.

2.2.2 Atitudes

Neste tópico, tentaremos ampliar a compreensão das atitudes e do que estas englobam. Como diz o provérbio, "uma imagem vale mais do que mil palavras", os anúncios nos ajudarão a transmitir uma grande quantidade de conceitos.

Infelizmente, os psicólogos sociais não possuem uma definição comum do conceito de atitude. Esta pode ser definida com uma idéia carregada de emoção, que predispõe a um tipo de ação diante de uma situação específica. As atitudes têm objeto, direção, grau, intensidade e estrutura. Não se deve esquecer que podem ser ensinadas.

Todas as atitudes originam-se das necessidades do homem e dos valores que este dá aos objetos que satisfazem tais necessidades. Existem fontes que nos tornam conscientes de nossas necessidades, de sua importância e da maneira com a qual as atitudes se orientam para satisfazê-las, que são: experiência pessoal, grupos de referência e pessoas importantes em nossa vida.

O fato de as atitudes surgirem no indivíduo e mudarem com o tempo faz que apareçam diversas teorias que tentam explicar a função dessas atitudes no comportamento do consumidor. Em geral, quase todas são fundamentadas no princípio da consistência, que trata da coerência ou harmonia mantidas pela mente humana com relação às atitudes que se percebe em cada momento.

Com relação à categorização das atitudes, dois modelos podem ser considerados: o modelo de três componentes e o de múltiplos atributos.

Nas palavras de Kretch e Chutchfield, "uma atitude é uma organização estável dos processos motivacionais, perceptivos e cognitivos em relação a um aspecto do universo dos indivíduos". Esta é a definição do modelo de atitude de três componentes, o qual diz que uma atitude deve ser analisada por meio de seus três componentes básicos: componente cognitivo, que reflete a informação, o conhecimento e as crenças do indivíduo com relação a determinado produto; componente afetivo, que reflete os sentimentos e emoções que o produto desperta no indivíduo e a predisposição a esse produto; e componente conativo ou comportamental, que representa a tendência à ação, a responder ao produto de determinada maneira, no caso, à compra. É o componente que nos leva a atuar.

A seguir, algumas campanhas que refletem a idéia desse modelo.

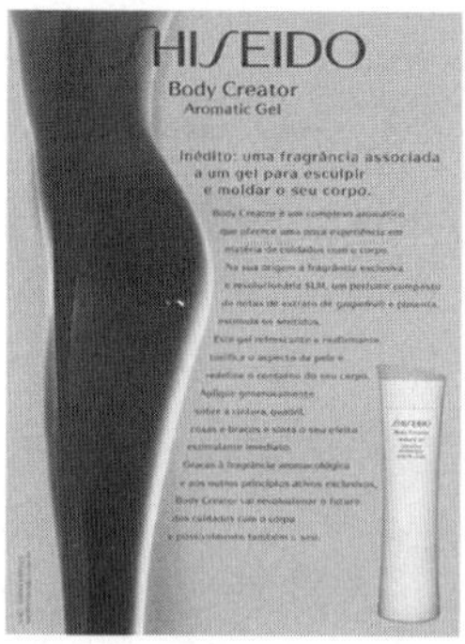

Na primeira, a do *Body Creator* (um gel aromático), da marca Shiseido, na parte esquerda, aparece a silhueta de uma mulher despida que supostamente utiliza o produto. Incide sobre isso o elemento cognitivo da atitude, já que pela mensagem (que ocupa a parte central do anúncio) somos informados sobre ingredientes que compõem a fragrância: *grapefruit*, pimenta, erva-doce, cafeína e outros princípios ativos. Não há o componente afetivo, mas o conativo aparece em expressões como "aplique-o generosamente" ou "sinta como refresca e estimula a pele imediatamente", o que incita à compra e posterior uso do produto.

Analisando a estratégia de *Polo Ralph Lauren Blue*, da Ralph Lauren, observa-se a imagem de um homem clássico, com um novo tipo de glamour. Isso reforça o elemento afetivo dos consumidores, seus sentimentos e avaliações sobre o ideal de beleza e modelo de sucesso que a sociedade impõe.

Outro exemplo que pode ser citado é o de uma campanha da fragrância *Pleasures Intense*, de Estée Lauder, que mostra um fundo floral, causando uma sensação de perfume agradável, da mesma maneira que a mensagem, passa a idéia de que o produto oferece "mais prazeres", uma "nova e excitante fragrância", influenciando o componente afetivo da atitude.

As campanhas de perfume são exemplos bastante claros do componente afetivo, como é caso de *Cinéma*, de Yves Saint Laurent (página 50), que transmite a idéia de que, com o uso do perfume, as mulheres se tornarão irresistíveis. Tudo isso dentro de uma perspectiva de luxo e glamour que permeia o mundo do "cinema", palavra que dá nome à fragrância. Dessa forma, pretende-se que o consumidor adote uma postura positiva e queira adquirir o produto por causa dos sentimentos que ele desperta.

Com relação ao componente conativo, pode-se destacar a colônia *Eau de Rochas*, de Rochas.

Essa fragrância é símbolo da alegria de viver e do bem-estar. Uma verdadeira onda de frescor que desperta dinamismo e vitalidade.

Em um anúncio da Regata de Barcelona Eau de Rochas, o componente conativo é destacado, pois incita à compra por meio de um brinde exclusivo – uma bolsa-toalha – da marca Rochas. O brinde se adapta ao produto, serve para ambos os sexos e representa os valores do perfume (frescor, dinamismo, vitalidade, entre outros). No anúncio, o brinde (bolsa-toalha) ganha mais destaque que o próprio produto (perfume). A base é o princípio recompensa-punição, em que os compradores são premiados com um brinde exclusivo.

Uma fragrância sensual e segura de si, tão masculina quanto elegante, influi no componente conativo e no afetivo. A compra é incentivada por meio de um brinde, uma bolsa de viagem exclusiva, anunciado tanto na imagem como no texto. Assim como o perfume, o presente é destinado aos homens. A base é o princípio recompensa-punição, em que os compradores são premiados com uma bolsa de viagem exclusiva.

Já o modelo de múltiplos atributos, postulado por Fishbein, explica que o homem tem atitudes perante os objetos segundo suas crenças, percepções ou conhecimentos relativos aos objetos. Essas crenças foram estabelecidas por meio das informações obtidas das experiências diretas com os produtos e dos comentários advindos de outras fontes. Portanto, a idéia desse modelo é a de que, para entender as atitudes do consumidor, é preciso descobrir as crenças que as fundamentam.

Ao contrário do modelo anterior, neste, a atitude não é a soma dos componentes cognitivo, afetivo e conativo, mas a atitude geral de um indivíduo perante um objeto deriva das crenças e sentimentos com relação aos atributos desse objeto. Todo objeto ou produto possui inúmeros atributos, dos quais os indivíduos processarão informações, estabelecerão crenças e assim dispensarão sentimentos, positivos ou negativos.

Um exemplo do modelo de múltiplos atributos é o anúncio da máscara para cílios *Lash Queen*, de Helena Rubinstein. Ele ressalta atributos como volume e alongamento que dá aos cílios, além da textura do aplicador com cerdas volumosas que vão da raiz à ponta de cada cílio. Dessa forma, a consumidora que considera esses atributos muito importantes comprará o produto.

Outro exemplo são os produtos da Clinique – a marca apresenta sua linha de maquiagem – cujos atributos principais são até 62 tonalidades diferentes, com texturas diversas, e até mesmo com filtro solar, hipoalergênicos, sem perfume etc. Oferece-se às consumidoras, portanto, uma série de alternativas para que elas consigam o resultado perfeito.

Cabe acrescentar que, em termos gerais, são os fundamentos motivacionais que configuram e reforçam as atitudes positivas perante os objetos percebidos como satisfatórios às necessidades, assim como o fazem com as atitudes negativas ante aos objetos percebidos como ameaças ou punições.

Ainda dentro desse tema, ressalta-se o papel desempenhado pelas diferentes funções das atitudes:

- **Função de ajuste**: dirige as pessoas a objetos satisfatórios ou prazerosos e as afasta de objetos desagradáveis e indesejados. Contribui para o conceito utilitarista de maximizar a recompensa e minimizar a punição. Portanto, as atitudes dos consumidores dependem, em grande parte, de suas percepções. As campanhas dos perfumes *Chance* da Chanel (mostrado na página 49) e

Eternity Moment da Calvin Klein são bons exemplos de função de ajuste. No caso do *Chance*, a intenção é passar uma sensação agradável em razão das cores e das flores que cobrem o corpo da modelo; já o *Eternity Moment*, que traz um casal abraçado, passa a sensação de proteção, ternura e cuidado.[4]

- **Função expressiva de valores**: permite que o indivíduo manifeste seus valores centrais, pois os consumidores adotam determinadas atitudes a fim de traduzir seus valores para algo mais tangível e fácil de exteriorizar. Os profissionais de marketing têm a obrigação de saber quais valores o consumidor deseja exteriorizar com relação à sua personalidade e devem, portanto, desenvolver produtos e campanhas publicitárias que possibilitem essas auto-expressões.

A maquiagem é um tipo de produto que nos ajuda a ocultar imperfeições no rosto, bem como eliminar marcas de expressão. Graças à maquiagem, as mulheres se sentem mais seguras diante de pessoas e situações.

Como as atitudes podem variar?

A seguir, serão apresentadas algumas opções para fazer que os consumidores mudem suas atitudes.

4 Lançado em setembro de 2004, o *Eternity Moment* – uma combinação de essências florais frescas – foi inspirado pela liberdade de se apaixonar a qualquer momento. Na época, considerada uma das estrelas mais promissoras de sua geração e por simbolizar uma mulher independente, determinada e segura, Scarlett Johansson foi escolhida a garota-propaganda da nova fragrância do clássico *Eternity* (1988). *Fonte:* www.prnewswire.co.uk/cgi/news/release?id=129008. (NE)

- *Vincular o produto ou serviço a um tema implícito.* Isso pode melhorar a participação com relação ao produto.

- *Vincular o produto ou serviço a uma situação pessoal em que o consumidor esteja envolvido.* Em certas ocasiões, uma mensagem pode ser dirigida à audiência quando esta está realizando uma atividade relacionada ao produto. Nesses momentos, seu interesse será grande e sua participação, intensa. Um exemplo é a campanha da loção bronzeadora da Sisley, que contém dois novos filtros solares e que enriquece o tratamento para rosto e para corpo a fim de obter mais proteção contra os raios UVA e UVB ao mesmo tempo que suaviza e dá elasticidade à pele. Cada vez mais os consumidores estão convencidos da importância da proteção contra os raios solares.

- *Desenvolver anúncios que estimulem uma participação intensa.* O fato de a participação do público ser baixa não significa que este pode continuar alheio aos anúncios do produto (do humor, dos acontecimentos dramáticos, entre outros).

- *Alterar a importância dos benefícios do produto,* ainda que essa opção seja difícil de ser oferecida.

- *Demonstrar ou introduzir as características mais importantes do produto.* Pode-se associar novos atributos a um produto, fazendo que os consumidores saibam de que esses atributos proporcionarão algo a mais do que os outros produtos que não os oferece. Um exemplo é o do shampoo Klorane, que contém óleo de manga, um fator nutricional excepcional, pois possui três ácidos graxos. O anúncio mostra, além disso, de onde o óleo é extraído e afirma que este é selecionado pelos laboratórios Klorane, o que dá mais autenticidade ao produto.

- *Mudar as crenças atuais sobre as conseqüências do comportamento.* Freqüentemente, os consumidores possuem crenças infundadas ou errôneas sobre as conseqüências da compra e da utilização de determinadas marcas. Uma maneira de evitar isso é criando anúncios que se concentrem nos benefícios da marca.

- *Modificar a avaliação da pessoa com relação às conseqüências de uma ação em particular.* Muitas vezes, os consumidores crêem que a utilização de uma marca acarretará determinadas conseqüências, por meio de avaliações não muito positivas. As medidas para melhorar as avaliações das conseqüências podem levar a resultados positivos. Por exemplo, as campanhas do antiséptico bucal *Listerine* da Johnson´s, em que o sabor forte é associado à eficácia com que destrói os germes bucais e produz um hálito fresco. O resultado possível é a avaliação positiva dos consumidores sobre a relação do sabor forte do produto com a proteção contra a placa bacteriana e a gengivite. Dessa forma, melhora-se a atitude com relação à marca.

- *Introduzir novas combinações de crenças/avaliação.* Em alguns casos, os profissionais de marketing podem agregar ou suprimir alguns atributos para que sejam geradas conseqüências positivas para o público. Como exemplo, há o creme multiprotetor antioxidante

Estée Lauder, que introduz o atributo "FPS 15", filtro solar que proporciona mais suavidade, protege contra o envelhecimento e revitaliza a pele, gerando efeitos mais agradáveis e eficazes.

- *Mudar as crenças normativas do momento.*

- *Mudar as motivações para cumprir as normas subjetivas.*

- *Introduzir novos componentes normativos.* As normas subjetivas agregam novos componentes normativos de grande repercussão no indivíduo. Isso pode ser alcançado por meio de celebridades. Como demonstrado, o perfume *Curious* com Britney Spears é um exemplo. A campanha pode atrair muitas consumidoras que sejam fãs da cantora e assim aumentar as vendas. O meio de que dispõem profissionais de marketing para influenciar nas atitudes são a definição e a realização da comunicação persuasiva. No marketing, o emissor costuma ser uma empresa ou sua marca, e a mensagem transmitida modifica as atitudes do público em prol da marca ou de sua venda. Para isso, a mensagem deve ser codificada com o objetivo de aumentar ao máximo as probabilidades de que a interpretação do receptor seja correspondente à intenção do emissor.

2.2.3 Motivação

Motivo pode ser definido como um estado interno que dirige os esforços e as ações de um consumidor a uma meta ou mais, em geral, situados no ambiente externo. A função é ativar e dirigir o comportamento dos consumidores.

No setor de higiene pessoal, perfumaria e cosméticos, em particular, percebe-se que há uma série de motivos principais que guiam os hábitos de compra do consumidor.

Desconsiderando-se os motivos fisiológicos, comprova-se que os motivos que regem a conduta desse tipo de consumidor são de caráter psicogênico. A motivação na hora de comprar um cosmético ou perfume obedece a aspectos externos ao indivíduo em detrimento de suas apreciações internas.

No momento da compra surgem motivos conscientes e inconscientes. Predominam as atrações positivas, relacionadas com o âmbito e o grupo de referência do indivíduo.

A ativação desses motivos obedece a condições situacionais e a influências exteriores, percebidas pelo indivíduo. Os estímulos enviados pela publicidade são peças-chave no direcionamento das ações dos consumidores. Dado que esse tipo de compra não obedece a fatores fisiológicos, que também podem guiar os indivíduos, os especialistas em marketing devem enfatizar o envio de estímulos adequados, a fim de guiar o consumidor para o produto.

Os objetivos do consumidor são essencialmente hedonistas, pois ele busca resultados positivos em relação a seu ambiente e grupo de referência.

Na hora de comprar certas marcas de cosméticos ou perfumes, é possível que haja um conflito aceitação *versus* rejeição, devido aos preços elevados de determinadas marcas.

A satisfação, componente interno obtido pelo consumidor com a aquisição do perfume, não deve ser relegada. Apesar disso, esse componente interno está inevitavelmente relacionado aos componentes externos citados anteriormente.

No exemplo citado a seguir, observaremos a importância, para a publicidade, de todos esses conceitos teóricos referentes à motivação.

O anúncio é sobre um jovem que, vestido informalmente, vai a uma festa que exige traje *black tie*. Segundo o anúncio, ele passa o perfume e sai. Isso quer dizer que o traje não é necessário se você estiver usando esse produto, porque a elegância está implícita à marca do perfume. Como o próprio anúncio indica, o perfume permite que você crie suas próprias "regras", pois há uma identificação entre sua personalidade e o perfume.

O marketing pode sugerir ao indivíduo que produto utilizar para solucionar seus problemas e satisfazer suas necessidades. Conhecer o motivo que move o consumidor a comprar algum produto é vital para traçar as estratégias de comunicação que vão mostrar a necessidade de se adquirir um produto.

Deve-se levar em conta que os motivos variam no grau em que chegam à consciência dos consumidores. Algumas vezes, os consumidores escolhem um produto porque esperam obter certo status.

A intenção desse anúncio é mostrar como cada pessoa pode criar suas próprias regras, ser diferente, utilizando o perfume. Almeja refletir a *defesa do ego*, demonstrando como o rapaz do anúncio se sente seguro e mais confiante quando usa o perfume. Há outro fator que influi na motivação: a *identificação*, que é a motivação para ter novas identidades e exercer novos papéis a fim de se sentir bem consigo mesmo. O fator *modelação* também está presente, já que as pessoas que utilizam esse produto o fazem para imitar as outras, ser melhor, sentir-se como os demais e possuir uma identidade. O fator *filiação* é mais uma motivação para a busca de aceitação, afeto e contato amigável com os demais.

De acordo com a classificação das motivações de Maslow, existe uma motivação clara da auto-estima. O rosto que aparece no anúncio é adulto, porém, suave; a pele é viçosa e sem rugas, mas os olhos e a expressão da boca demonstram seriedade, o que dá a entender que é uma mulher madura. Com relação à classificação por meio de princípios contrapostos, as seguintes motivações podem ser mencionadas: psicológica e racional, pois o anúncio é um exemplo de como seu rosto ficará se utilizar o creme Nivea; seletiva, uma vez que se refere à Nivea especificamente; consciente, já que o consumidor sabe que o anúncio está tentando motivar a compra de um produto específico e, assim, alcançar resultados positivos.

Nesse anúncio, pode-se observar que a marca, Nivea, quer transmitir ao consumidor não somente a idéia de beleza, mas também a idéia de tecnologia, por meio da pergunta: "a tecnologia não é bela?". Essa é uma forma de mostrar ao consumidor, nesse caso, às mulheres, que os produtos possuem elementos que podem não expressar a idéia de beleza, mas que, na verdade, favorecerão a obtenção dessa beleza.

A atriz Sarah Michelle Gellar é a garota-propaganda da campanha da Maybelline. Ela representa a alegria e sensualidade ao mesmo tempo por meio das cores (vermelho-escuro, no primeiro plano, e azul-claro, ao fundo). Esse anúncio é claramente dirigido a mulheres entre 18 e 30 anos, as quais utilizariam essa cor quente. O anúncio provoca uma motivação da auto-estima por meio da beleza e da fama da atriz. Também é possível considerar motivações psicológicas, racionais, seletivas e positivas.

2.2.4 Aprendizagem

A aprendizagem é qualquer mudança relativamente permanente na conduta obtida pela experiência, é um dos fatores internos que influenciam o consumidor. Não é um processo nem repentino nem impulsivo; é gradual e muito importante para analisar o comportamento do consumidor, já que os processos de compra são aprendidos.

No setor de higiene pessoal, perfumaria e cosméticos, a fidelidade à marca é muito importante, e, em razão da oferta muito grande de marcas e produtos, o setor é bastante competitivo. As pessoas compram as marcas de sua preferência quando se trata de produtos para crianças e, por isso, os comerciais devem ser convincentes. Não é fácil fazer um consumidor mudar de marca quando ele está satisfeito com a que costuma comprar. Nessas situações, os anúncios têm de comprovar as vantagens de seus produtos, de modo que convençam o consumidor a testá-los. Com outro tipo de produto, como perfumes e shampoos, as pessoas sempre mudam de marca e é difícil manter a fidelidade.

O anúncio, mostrado a seguir é um bom exemplo de **comportamento físico**. O produto inseriu a idéia de um estilo de vida menos estressante, de um fim de semana familiar. Dirige-se, portanto, às pessoas que querem ter esse tipo de vida.

Em termos de aprendizagem simbólica, os shampoos são um exemplo perfeito. Os anúncios desses produtos geralmente dizem que, se há algum problema, a solução é o produto anunciado.

A marca Clarins utiliza a aprendizagem afetiva para alcançar maior número de consumidores. Por meio da ONG Aldeas Infantiles,[5] convence os consumidores a comprar o produto. A propaganda apresenta dois tipos de filtro solar, um para crianças e outro para adultos. No lado esquerdo, aparecem a mãe com duas crianças curtindo a praia. O lado direito traz o título da mensagem: "É melhor bronzear-se tomando menos sol", logo abaixo, estão: (à esquerda) o selo da entidade Aldeas Infantiles e, ao lado, as embalagens dos dois filtros solares. O anúncio também traz a seguinte informação: "Comprando os filtros solares Clarins,

5 Entidade internacional sem fins lucrativos. Também atua no Brasil como Aldeias Infantis SOS. (NE)

você também colabora para que as crianças das Aldeas Infantiles SOS desfrutem a alegria e a emoção de umas férias".

Os anúncios suscitam **estímulos**, captados pelos consumidores. Esses estímulos podem mostrar aos consumidores necessidades que eles desconheciam até então ou podem estar localizados em pontos estratégicos de forma que sejam vistos. Em seguida, com suas experiências, as pessoas criam uma **expectativa** sobre o produto. O próximo passo, muito importante, é **testá-lo**. As marcas devem assegurar-se de que os consumidores vão testar seu produto. Somente dessa forma as pessoas começam a **consumi-lo**. O **reforço** dado por promoções, ofertas e campanhas publicitárias são muito importantes nesse momento, pois serão responsáveis pela **repetição do consumo** e, posteriormente, pela **formação do hábito**.

Quando um estímulo lhe diz que precisa de fraldas, pensará na marca "X" como a resposta para seu problema (aprendizagem cognitiva). O mesmo ocorre com a marca "Y" de pomada para assaduras. Há um **estímulo incondicionado** (fraldas e assaduras), que produz um **estímulo condicionado** como resposta ("X" ou "Y"). Em geral, esse estímulo condicionado é o resultado de uma **aprendizagem familiar**. São as mães que dizem às filhas que esses produtos são os melhores para tais problemas. As filhas confiam em suas mães e as copiam.

A Johnson & Johnson é uma marca que foi criada para bebês. Atualmente, ela é associada a toda a família. Muitos de seus produtos já são destinados a adultos, ainda que feitos para crianças. Esse é outro exemplo de marca de família.

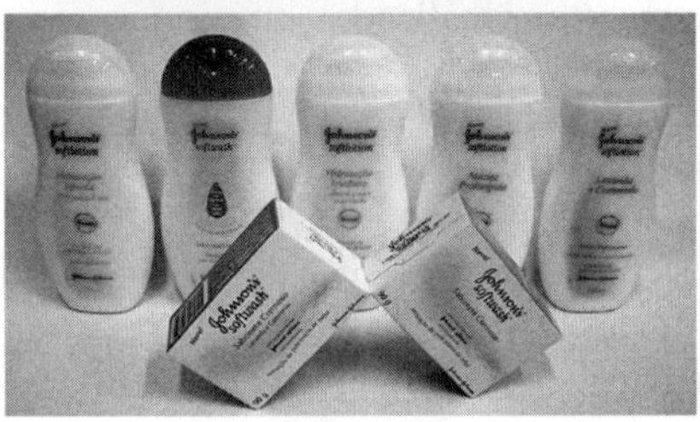

Aplicando o **condicionamento instrumental** nesse setor, a modificação do comportamento pode ocorrer de várias maneiras, como descrito a seguir.

O **reforço contínuo** é muito utilizado em quase todos os tipos de produtos. Em vários países europeus, é muito comum produtos, como shampoos, hidratantes para o corpo, perfumes e cremes dentais constantemente trazerem cupons de descontos, mais quantidade do produto, amostras ou bolsas de brinde.

O **reforço parcial** é uma mudança mais lenta, mas sua aprendizagem é permanente. Pode ser um brinde na compra de um segundo produto, uma forma de incentivar a repetição da compra (exemplo: cupons de desconto das perfumarias).

A **adaptação** produz uma mudança de conduta notável. É o caso dos cartões que dão descontos aos clientes para estimulá-los a visitar a loja.

A **discriminação** pode ser observada em empresas de produtos mais caros e de maior qualidade e reputação como as de medicamentos (Vichy), perfumaria (Chanel) ou maquiagem (Helena Rubinstein).

A **modelação** ocorre quando o sujeito observa a conduta alheia e suas conseqüências (cor do cabelo).

Outra maneira de modificar o comportamento é a **ecológica**, presente no slogan, por exemplo, da Body Shop, "Contra testes em animais".

A **recuperação espontânea** é muito utilizada. Por exemplo, quando novos modelos de uma marca de perfume são anunciados, esta reaparece repentinamente.

Por fim, é importante citar a **retenção**. Todas as pessoas utilizam produtos de higiene pessoal, perfumaria e cosméticos na vida diária. Apesar disso, os consumidores podem mudar de marca com facilidade. Eles compram os produtos que conhecem e que dão bons resultados.

2.2.5 Personalidade

Dentro do tema sobre personalidade e, mais concretamente, dentro das teorias individualistas, está presente a teoria da psicanálise, que se aplica na publicidade do setor analisado.

O modelo de Freud expõe que os compradores não são influenciados apenas por variáveis econômicas, mas também por aspectos simbólicos do produto. Desse modo, explica-se a influência, no comportamento do consumidor, do design do produto e dos símbolos associados a ele.

A teoria psicanalítica tem ajudado os profissionais do marketing a compreender que devem se dirigir aos sonhos, às esperanças e aos temores dos compradores. Essa teoria enfatiza o uso dos sonhos fantásticos para identificar os motivos inconscientes que influenciam o comportamento das pessoas. Os publicitários costumam fazer que os consumidores imaginem as conseqüências do uso do produto.

Os perfumes, as bebidas alcoólicas, o tabaco, as roupas da moda etc. são os produtos que mais se prestam a esse tipo de influência.

É possível observar nos anúncios de televisão corpos esculturais que incidem no subconsciente do espectador, estimulando sua fantasia, para que o produto seja atraente e a atitude do consumidor, positiva.

A teoria psicanalítica, portanto, rompe com a idéia de que o consumidor é um ser racional. Freud propõe a existência de uma série de forças internas que guiam o comportamento humano. Assim, as pessoas nem sempre se deixam levar por critérios econômicos. Tais forças internas são o impulso sexual e o agressivo, conhecidos como Eros e Thanatos. Entretanto, embora a maioria das ações dos indivíduos seja regida por eles, esses impulsos se manifestam de forma oculta, pois a sociedade reprime seu reconhecimento público.

A seguir, é analisada uma série de anúncios relacionados com essa teoria.

- *Coco Mademoiselle* – Chanel

A provocação sexual é observada na imagem da modelo nua,[6] em seu olhar e em seus lábios vermelhos entreabertos. O chapéu e

6 Este é mais um exemplo do uso de celebridade em campanhas publicitárias, principalmente na perfumaria. A modelo britânica Kate Moss foi escolhida em 2002 para ser a garota-propaganda do *Coco Mademoiselle* (criado em 2001) – perfume oriental fresco, voltado para uma mulher independente, sensual e provocativa, mas que pertencesse ao século XXI – mais leve e mais fresco que o *Coco Chanel* (recomendado para a noite), ele pode ser usado a qualquer hora do dia. Em 2007, a Chanel contratou a atriz Keira Knightley para ser o novo rosto do perfume. *Fonte:* www.ciao.co.uk/Chanel_Coco_Mademoiselle_Review_5342805. (NE)

cabelo pretos e o colar de pérolas transmitem elegância. Destaca-se também a comparação entre o tom de pele e a cor do perfume.

✷ *Chance* – Chanel

Nesta campanha do perfume *Chance* da Chanel, destaca-se a presença do homem abraçando a mulher, envolta em flores, o que dá a idéia de uma fragrância fresca e feminina. O casal passa a imagem de prazer e desejo demonstrada em seus rostos.

✷ *Classique* – Jean Paul Gaultier

De acordo com a teoria da psicanálise, destacam-se o rosto de prazer da modelo, os olhos semifechados e a boca vermelha entreaberta. Quando seu par lhe toca os seios, causa uma imagem de grande provocação sexual. O contraste entre os tons de pele, escuro do homem e pálido da mulher, é ressaltado como imagem principal. O formato do frasco, à direita, é equiparável ao corpo da mulher e a cor do perfume, ao tom de sua pele.

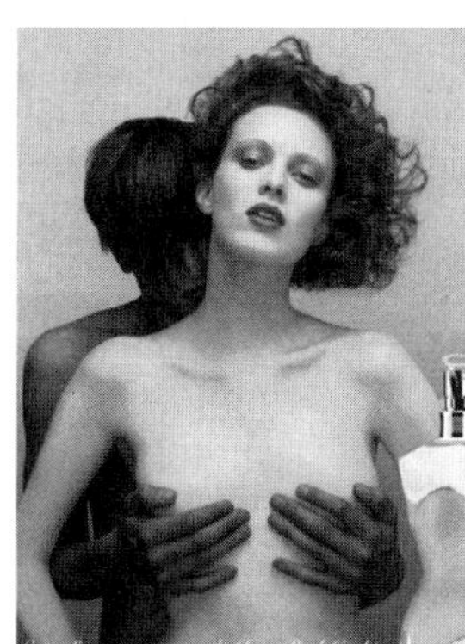

* *Cinéma* – Yves Saint Laurent

Conforme foi citado anteriormente na página 33, este anúncio reflete muito a teoria, pois a sexualidade e a sedução estão presentes em todas as suas características.

Na modelo, há os lábios vermelhos entreabertos, o vestido e o olhar seguro. Os olhares de desejo dos homens que a cercam criam uma provocação que incita ao desejo. A imagem de luxo e elegância é refletida em todo o anúncio pelos tons escuros e pela cor dourada do perfume.

* *Lolita Lempicka* – Lolita Lempicka

Destacam-se as idéias de frescor, sensualidade e sexualidade por meio do corpo seminu da mulher e do tecido branco que a envolve. Além disso, a maneira com a qual seus seios são tocados e sua expressão de prazer também são destacados.

O brilho que dá o efeito da água incide sobre a magia do perfume, a cor arroxeada deste e o frasco em forma de maçã, que remete à história da Branca de Neve.

Os motivos florais e primaveris dão a idéia de um perfume fresco e jovial.

* *Halloween* – Jesus Del Pozo

Esse perfume recorre aos impulsos de Eros e Thanatos. Com a cor roxa, tanto do anúncio quanto do perfume, ressalta a magia do Halloween.

* *J´adore* – Christian Dior

Somente pela observação do rosto da atriz Charlize Theron, chega-se ao conceito da psicanálise de sexualidade e provocação. A cor dourada transmite luxo e elegância. O sexual reside no tecido dourado que envolve o corpo da modelo.

✱ *Juicy Wear* – Lancôme

Neste anúncio do *Juicy Wear* da Lancôme, destaca-se a boca totalmente aberta da modelo e seus lábios carnudos e brilhantes, de cor vermelho-paixão. O que chama a atenção do público-alvo é a imagem provocante e sexual dos lábios da modelo.

✱ *Glam Shine Juice* – L´Oréal

Ao contrário da marca anterior, neste anúncio do *Glam Shine Juice* da L'Oréal, aparece uma boca entreaberta e os lábios pintados com um tom cor-de-rosa chamativo e brilhante, passando a sensação de lábios úmidos e irresistíveis. A carga sexual reside em todas as características citadas. Em ambos os anúncios, a idéia de sedução é destacada.

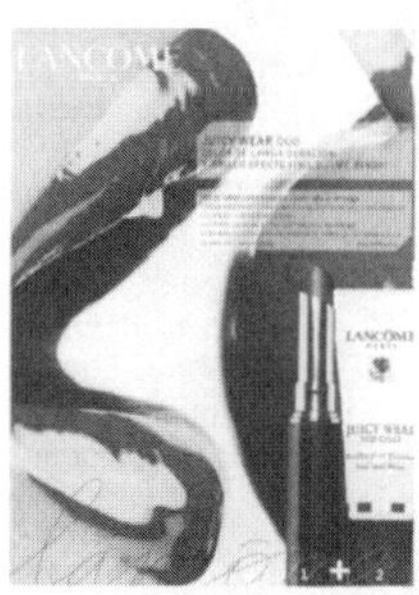

✱ *Gel para o cabelo* Garnier

Por meio desses anúncios, a Garnier dirige-se tanto ao público feminino quanto ao masculino. Os olhares atrevidos dos modelos podem até mesmo intimidar os possíveis consumidores do produto. Em associação com a mensagem "a brilhantina volta a despertar paixões", a intenção é que os clientes potenciais acreditem que, com esse tipo de produto, possam arrasar no campo amoroso.

✹ Herbal Essence

Essa marca trabalha com uma série de anúncios de televisão, principalmente na Europa, para apresentar seu shampoo. Utilizam o humor e a provocação sexual, tão peculiares à teoria da psicanálise.

Dessa forma, o slogan da marca é "Uma experiência duplamente orgânica". Com relação à teoria psicanalítica, o toque sexual aparece nos gemidos da mulher durante o banho e no jogo de palavras "experiência orgânica".

✹ Axe

Todos os anúncios relacionados à Axe, de certa maneira, são provocantes. Isso pode ser observado pela presença de modelos exuberantes na maioria dos anúncios publicitários. Esse método chama a atenção do consumidor final (os homens), pois, utilizando o produto, é provável que façam sucesso com o sexo oposto assim como ocorre nas campanhas de TV.

Alvos de muitas críticas, na Espanha, esses anúncios foram classificados como machistas.

Em todos esses anúncios apresentados, os profissionais encarregados de fazer a publicidade, algumas vezes, de maneira inconsciente, alcançam o público-alvo por meio desse tipo de anúncio provocante e sedutor.

2.3 COSMÉTICA E INFLUÊNCIAS EXTERNAS

2.3.1 Cultura

Existem muitos fatores ou variáveis que atuam sobre o comportamento do consumidor. Uma dessas variáveis é a cultura, especialmente importante quando a estratégia de marketing a ser desenvolvida é internacional. Para comercializar um produto com sucesso, é necessário compreender os aspectos culturais que o afetam, pois a atitude de compra das pessoas é influenciada pelos valores culturais que interagem com as necessidades emocionais. Conhecendo a cultura, será possível interpretar a reação dos consumidores diante das diversas estratégias de marketing.

O conhecimento da cultura de determinada sociedade é muito importante para a empresa, não somente do ponto de vista estratégico, mas também devido ao impacto causado pela política do produto, pelo preço, pela distribuição e pela comunicação da empresa.

Cabe ressaltar a pesquisa, realizada pela ACNielsen, sobre a expansão das marcas em um mercado global. Foram identificadas as marcas que estão presentes em mais países e em categorias de produtos diferentes.

De acordo com a pesquisa Global Mega Brand Franchises, da ACNielsen, são consideradas megamarcas globais as que:

- estão disponíveis em pelo menos 15 dos 50 países estudados, que representam 95% do total do produto interno bruto mundial;
- são comercializadas com o mesmo nome em, pelo menos, três categorias de produtos e três ou mais regiões geográficas;
- estão presentes em categorias que são vendidas em espaços grandes, lojas de alimentação, supermercados, drogarias e farmácias.

O setor em que mais megamarcas globais se concentram é o de higiene pessoal, perfumaria e cosméticos. Nesse setor, a ACNielsen encontrou 32 marcas, que são de propriedade de 12 fabricantes. A lista é encabeçada por: Johnson & Johnson (representada por Clean & Clear, Johnson's, Neutrogena, Reach, Roc) e Procter & Gamble, com cinco marcas. Por sua vez, a L'Oréal possui quatro marcas: Garnier, L'Oréal, Maybelline e Vichy.

A marca Nivea, de Beiersdorf, é a que aparece em mais categorias, vendendo até 19 produtos diferentes. As marcas L'Oréal e Johnson's também se destacam, aparecendo em 14 categorias, enquanto a Vichy comercializa produtos em 13 categorias. No total, oito marcas estão em dez ou mais categorias.

Entretanto, apesar da globalização, essas marcas focam suas estratégias de marketing, assim como os lançamentos de seus produtos, de formas diferentes dependendo da cultura do país ao qual se dirigem. Nesse tema, a ACNielsen concentrou sua pesquisa na multinacional Maybelline.

No México, por exemplo, a maquiagem mais utilizada possui tons escuros, ao passo que em países asiáticos a tonalidade é muito mais clara. A mesma comparação pode ser feita com os esmaltes de unha cujas cores variam de acordo com as preferências dos consumidores de cada país. Outra diferença é que, no Japão, o preço está estampado em todos os produtos, enquanto nos países europeus só aparece na publicidade.

Por outro lado, é conveniente considerar a utilização de arquétipos no momento de se definir o significado de uma marca. Em meio ao desejo e o exercício de dar sentido à vida, as pessoas esperam encontrar algum significado nas marcas incorporadas em seu cotidiano. Os arquétipos de marketing fazem parte dessa fase da comunicação integral.

A mitologia, as histórias, as lendas e, mais contemporaneamente, os filmes, as músicas e as revistas refletem que os humanos têm muito em comum e compartilham a mesma "freqüência" de vida.

Independentemente da cultura ou do contexto, os indivíduos são propensos a ter as mesmas debilidades e os mesmos temores, além de aspirarem a coisas muito semelhantes. Na prática, os jovens de Taiwan vestem-se e divertem-se da mesma forma que os jovens de Florença; os centros comerciais do mundo, com suas peculiaridades étnicas, seguem os mesmos processos de compra e venda e negociação; as mulheres ricas, até mesmo as muçulmanas, debaixo de suas túnicas, vestem as mesmas marcas e utilizam os mesmos cosméticos.

Entretanto, também existem diferenças importantes nos modelos dos produtos ou materiais utilizados. Principalmente na zona rural dos países menos desenvolvidos, os cosméticos costumam ser artesanais, embora as grandes marcas internacionais estejam sendo implantadas cada vez com mais força. Algumas nativas do norte da África usam um batom fabricado com argila e carmim –, que é uma pasta vermelha produzida com pétalas de rosas e papoulas. Elas colocam o carmim dentro de uma cumbuca de madeira e utilizam com um pincel de batom tradicional. O carmim, além de embelezar, possui propriedades nutritivas e hidratantes.

Tratando-se da limpeza bucal, destaca-se miswak, utilizado em grande parte do mundo árabe e da Ásia como escova dental. É um palito que contém agentes anti-sépticos e calmantes para as gengivas. Além disso, Mahoma (Maomé) instaurou uma norma sobre a higiene dental em todo o mundo islâmico.

É interessante observar os dados publicados pela ACNielsen, referentes à pesquisa sobre os hábitos de consumo de perfume de mulheres em diferentes países.

O estudo apresenta os hábitos e as condutas das mulheres com relação a perfumes. Pode-se afirmar que, nos países do norte da Europa, a decisão de se utilizar determinada fragrância é conduzida pela ocasião ou pelo humor ao passo que, no sul, as mulheres são mais influenciadas pelo clima do dia.

Observa-se que metade das mulheres continuaria comprando a marca de perfume que estão acostumadas, mesmo se o preço aumentasse, e cerca de 20% o comprariam "a qualquer preço". Entretanto, isso não ocorre em todos os países. As espanholas são as mais fiéis: 61,9% continuariam comprando o mesmo perfume, mesmo se o preço subisse, decisão que somente ocorre entre 34,8% das italianas.

Nessa pesquisa, também fica claro que existem diferenças significativas entre as preferências das mulheres de países diferentes. Por exemplo, mulheres italianas preferem perfumes fortes, ao passo que as mulheres de outros países optam por fragrâncias mais leves e sutis, que possam ser usadas por qualquer pessoa; tendência ao consumo de perfumes "unissex". Alemãs, italianas e francesas compram perfumes de luxo duas, três ou até mesmo quatro vezes ao ano, e possuem uma pequena coleção de fragrâncias em casa, enquanto as inglesas, espanholas e norte-americanas demonstram mais fidelidade e costumam ter uma fragrância favorita.[7]

O lugar habitual de compra do perfume também varia. Na Alemanha, Itália e Espanha, a maioria dos consumidores opta pela perfumaria tradicional; na França, pela perfumaria self-service; nos Estados Unidos, boa parte dos consumidores preferem as grandes lojas e 12% escolhem a compra pela internet ou a distância (12%); na Alemanha, a maioria dos consumidores escolhe outras formas de

7 A preferência das brasileiras recai sobre fragrâncias suaves e frescas para o dia, e as florientais para a noite. (NRT)

compra diferentes das citadas; na Espanha, 64% optam pela perfumaria tradicional, 34,3% pelas grandes lojas, 23,1% pelas perfumarias self-service e 6,9% por outras formas de compra.

Os dados da pesquisa revelam que as empresas de perfumaria devem estar atentas, pois o consumo de perfumes não está aumentando em todos os países e há, até mesmo, uma tendência decrescente em alguns países. Na Itália e nos Estados Unidos, um terço das mulheres declara que gasta menos com perfume atualmente que no passado.

A pesquisa foi realizada entre os meses de março e abril de 2004, com base em uma amostra representativa de 17 mil mulheres dos Estados Unidos, Alemanha, França, Itália, Reino Unido e Espanha, e contém informações abundantes sobre os hábitos e atitudes das mulheres e suas fragrâncias preferidas.

2.3.2 Grupos de referência

Um estudo sobre a influência dos grupos de referência na compra e no comportamento do consumidor e a presença de celebridades na publicidade de artigos de higiene pessoal, como produtos de cosmética, perfumes, desodorantes, barbeadores, maquiagens etc., serão analisados. Para vender um produto ou marca, o profissional de marketing deve identificar um formador de opinião dentro do grupo de referência.

As apelações a grupos de referência são estratégias promocionais efetivas, pois contribuem para que o produto seja mais lembrado e para que se reduza o risco percebido pelos clientes potenciais.

A utilidade desses grupos para o marketing fundamenta-se principalmente nos formadores de opinião, que possuem uma grande força de convencimento sobre os consumidores. Isso se deve ao fato de que tais personagens alcançaram sucesso e prestígio reconhecido.

A popularidade e o sucesso de uma celebridade são utilizados reiteradas vezes a fim de se vender os mais diversos produtos e promover vários serviços. Com isso, os vendedores de mensagens almejam um objetivo duplo: dar maior renome ao produto anunciado e utilizar o prestígio do famoso para dar notoriedade à campanha publicitária.

Emprestar o rosto e promover a imagem de estrela rende uma soma respeitável de dinheiro, pois pressupõe um contrato publicitário, muitas vezes, milionário.

Por meio da análise de campanhas de TV e impressas, comprova-se que a utilização de personagens famosos é usual.[8]

Dessa forma, por exemplo, o público masculino compra uma lâmina para barbear da Gillette acreditando que obterá o mesmo resultado que o famoso que a anuncia obteve, nesse caso, o jogador de futebol David Beckham. Por outro lado, mas não menos importante, pretende-se que o consumidor potencial se identifique com o personagem, com algo que possui, que utiliza, nesse caso, a lâmina. Se houver um público que se identifica com esse referente social, a captação de novos consumidores será um sucesso.

---

8 .De acordo com uma pesquisa realizada pela Millward Brown, apesar dos altos custos, o uso de celebridades na propaganda está aumentando. No Japão, país que ocupa o primeiro lugar, o nível é de 23%, já no Brasil é de 8%. *Fonte: O preço da fama*, seção Artigos, 21 fev. 2006, www.ibope.com.br. (NE)

Quando se direcionam a mulheres entre 35 e 50 anos, geralmente as empresas utilizam modelos ou atrizes dos anos 1990, como no caso do anúncio de um creme anti-rugas da L'Oréal, protagonizado pela modelo alemã Claudia Schiffer. A empresa pretende penetrar na mente da consumidora, associando as propriedades do creme às qualidades físicas da modelo, além de criar a imagem da marca, pois cada vez que a modelo aparecer na televisão, na imprensa escrita ou no rádio, o consumidor a associará à marca ou à empresa.

O setor de higiene pessoal, perfumaria e cosméticos é muito propenso a utilizar celebridades. Associa-se o personagem famoso a uma fragrância até mesmo dando ao perfume o nome do famoso. Dessa forma, o consumidor associará o produto às características físicas e psíquicas do personagem famoso. Portanto, o perfume anunciado por Arturo Fernández será associado a um público mais adulto, ao passo que o perfume da Givenchy, anunciado pela atriz Liv Tyler, por exemplo, ou o perfume da Emporio Armani, anunciado pela cantora australiana Kylie Minogue, serão associados a um público mais jovem.

Pode haver também uma associação ocasional de uma modelo a um perfume, como ocorre, por exemplo, com a fragrância Chanel nº 5, que já foi associada a Marilyn Monroe e atualmente é associada a Nicole Kidman, substituta da modelo e atriz canadense Stella Warren.

No caso da utilização de produtos cosméticos para maquiagem e cabelo, as empresas costumam apostar da mesma forma em mulheres famosas, tanto atrizes quanto modelos, para a promoção de seus produtos.

A empresa associa a seus produtos as qualidades físicas das modelos e atrizes a fim de que o consumidor associe as propriedades regenerativas do produto a essas celebridades. Isso também proporciona à empresa certo status pelo simples fato de essas pessoas utilizarem seus produtos e não outros. Assim, o anúncio da L'Oréal utiliza Natalie Imbruglia, atriz e cantora australiana, para promover seu rímel, visto que os cílios pretos supervolumosos, dados pelo produto, contrastam com seus olhos azuis. Outras famosas que participam de campanhas publicitárias semelhantes são Milla Jovovich, atriz e modelo, anunciando um esmalte de unha, e Andie Macdowell, também atriz e modelo, anunciando um produto para os cachos dos cabelos, já que possui famosos cabelos encaracolados.

Pôde-se observar que a utilização de famosos na publicidade é uma prática das empresas que anunciam. Entretanto, fica claro que não é qualquer famoso, pois a imagem deste será determinante para que o produto anunciado faça sucesso, ou não. Um famoso que não tenha prestígio ou reconhecimento de seu trabalho não será utilizado pelas empresas para anunciar seus produtos, porque pode fazer que o produto perca o prestígio.

A seguir, apresenta-se uma análise sobre algumas campanhas dirigidas à família, na qual os indivíduos terão mais ou menos influência na hora de decidir sobre a compra.

✸ Ausonia

Com o slogan dos absorventes higiênicos "Ausonia, entre nós, para nós, mulheres" ("Ausonia, entre nosotras, para nosotras"), fica explícito que o produto é para o público feminino. Desse modo, indica-se que a opinião das mulheres que cercam a consumidora é muito importante.

O anúncio centra-se em respostas às perguntas: *quem foi a pessoa que soube quando você ficou menstruada pela primeira vez?* Dessa forma, pode-se comprovar como a Ausonia acredita que a pessoa que inicia uma jovem em suas novas experiências influirá diretamente em seu comportamento de consumo. As garotas que respondem à pergunta mostram como fazem parte de um grupo informal e primário, como o da família e o de amigos. Estas são as respostas:

— *Contei a minha irmã mais velha, que entendia tudo sobre o assunto.*

— *Foi um caos. Contei a Laura, minha amiga, pois como era mais velha, saberia me explicar.*

E Laura diz: *Falei para todos que já fiquei menstruada, mas, na verdade, ainda não veio para mim...*

— *Vou contar a minha mãe, então?*

A mãe diz: *Minha mãe chamava a menstruação de 'a coisa'. Eu seria grata se tivesse tido a informação que existe hoje; algum dia destes, eu e você temos de conversar.*

Na realidade, os textos refletem perfeitamente as diferentes atuações das jovens. Para falar sobre um produto para higiene íntima, que começa a ser utilizado na adolescência, quando a palavra menstruação causa constrangimento, essas jovens recorrem a uma pessoa próxima, que pode ser a irmã mais velha, a amiga ou a mãe. Entretanto, o próprio anúncio nos mostra que algumas garotas não podem dar bons conselhos, porque ainda são muito inexperientes, e outras porque querem crescer muito rápido, assim como "a amiga" que quer dar conselhos mesmo sem ainda ter menstruado.

Pode-se afirmar, então, que a família é o grupo de referência que exerce maior influência sobre a personalidade, as atitudes e as motivações. Além disso, é peça-chave na tomada de decisões de compra, já que o primeiro absorvente é encontrado em casa, o que gera uma aprendizagem sobre qual produto deve ser adquirido, sobre o comportamento de consumo. Cabe ressaltar que essa é uma decisão de compra influenciada por outro membro da família, pois geralmente a mãe é quem compra esse tipo de produto.

✸ Johnson's

A Johnson's é outra empresa preocupada com os grupos de referência. Pode-se comprovar que há um aspecto que nunca mudou em seus anúncios: sempre há a mãe e sua filha pequena (normalmente, ambas com o cabelo bem claro). É indiferente se o anúncio é de um óleo, do shampoo de sempre, de um sabonete líquido ou de algum shampoo mais específico. A influência que a mãe tem sobre a filha, e esta sobre a própria mãe, está sempre marcada. Cabe lembrar que as mães são sempre convidadas a utilizar o mesmo produto (no rótulo do produto, os benefícios tanto para o bebê quanto para a mãe são ressaltados).

De forma mais concreta, o anúncio do shampoo *Johnson's Baby* com extrato de camomila, citado na página 21, cujo slogan é "um brilho que não dá para esconder", mostra duas personagens (mãe e filha) constantes nos anúncios, com seus cabelos loiros e brilhantes, informando-nos somente que esse produto é mais específico para cabelos claros e loiros, pois contém extrato de camomila, característica ressaltada pelas flores.

Esse é um grupo de referência primário e informal, em que a influência da mãe é importante, pois ela é quem realiza a compra (embora também possa ser consumidora). A menina também pode influenciar no processo de compra, caso o anúncio lhe chame a atenção.

✸ Scottex

Os diversos tipos de papel higiênico são um exemplo claro de como o grupo de referência ao qual a pessoa faz parte influenciará o familiar. Esse é um produto comprado para o uso de todos na casa e, por isso, o marketing deve valorizar as opiniões dos diferentes membros da família a fim de chamar a atenção deles. Entretanto, pode haver famílias em que ninguém manifesta opinião, ficando a decisão a cargo do comprador, no momento que estiver na loja, em função de preço, qualidade, características específicas, promoções. Isso não significa que o comprador não considerará seu grupo de referência, seus valores ou preferências.

No caso do papel higiênico ligeiramente umedecido Scottex que é apresentado, pode-se observar a importância do grupo de referência, a família, no momento que o anúncio é finalizado com a frase: "Cuidando de sua família".

✸ Hugo

Trata-se de uma fragrância unissex, para jovens. Assim como diz o anúncio, as pessoas que usam *Hugo* desafiam as regras. Tudo que fazem é espontâneo e original e, por isso, escolhem *Hugo*. Toda a linha de produtos *Hugo* da Hugo Boss refere-se a pessoas que não seguem as regras, divertem-se e correm riscos, basicamente os jovens. A publicidade é muito irreverente, pouco convencional e para gente moderna. Desfrutar, divertindo-se com outras pessoas. O caminho para aumentar seu círculo de amizades são esses produtos.

Conforme o que foi dito anteriormente, pode-se afirmar que esses produtos são dirigidos a grupos de amigos (primários e informais) e, dentro desses grupos primários, aos jovens.

Um dos elementos básicos para se dirigir a esse grupo social é o frasco. Inspirado em um cantil do exército, o frasco transformou-se em uma referência. Tal forma significa aventura, riscos, viagens com amigos, diversão, acontecimentos inesperados, atitudes que visam grupos de amigos jovens. Esse ícone é reforçado pela tira de cor verde militar que une o vidro à tampa. Além disso, a cor azul da fragrância também destaca o caráter despojado e juvenil do perfume.

2.4 COSMÉTICA: PROCESSO DE COMPRA

Uma pesquisa sobre os hábitos de compra de cremes; colônias; perfumes; produtos para barbear, depilar e para higiene bucal foi realizada com base em cinco pontos:

1) **Quem compra:**

Análise sobre quem realiza a compra dos produtos supracitados e também sobre a mudança da tendência predominante até o momento.

2) **O que é comprado:**

Análise dos fatores externos e internos que induzem à compra, ressaltando-se o orçamento gasto pelos lares nas compras dos produtos supracitados.

3) **Por que determinado produto é escolhido:**

Análise dos fatores que influenciam na hora da escolha de uma marca específica dentro dos setores analisados.

4) **Onde se compra:**

Análise do lugar onde a compra dos produtos supracitados costuma ser realizada e explicação sobre as mudanças de lugar de compra.

5) **Quando se compra:**

Análise do momento que a compra dos produtos supracitados costuma ser feita e do instante que essa compra é mais intensa, de forma a construir uma categorização geral.

I. Quem compra?

É importante ter conhecimento dos diferentes papéis que intervêm na compra para assim desenvolver uma campanha de marketing mais adequada.

O homem sempre desempenhou papel importante na compra de certos produtos e a mulher, de outros. De acordo com algumas pesquisas de opinião, realizadas no final dos anos 1960, as principais compras realizadas por mulher eram relativas a roupas e calçados, à alimentação, a artigos de limpeza e outros produtos para o lar, exceto os eletrodomésticos, dos quais os homens se encarregavam, além do estudo dos filhos ou da abertura de uma conta bancária. Entretanto, essa situação modificou-se nas últimas décadas por diferentes fatores, tais como: a incorporação da mulher no mercado de trabalho; a proliferação de pais e mães solteiros; e a tendência ao solteirismo, ao divórcio, entre outros.

A grande maioria de produtos do setor de higiene pessoal, perfumaria e cosméticos é comprada por mulheres, tanto para uso pessoal e familiar quanto para presentear um homem ou uma mulher. Já os homens não costumam adquirir esse tipo de produto, pois até mesmo seus produtos, de uso pessoal, são comprados pelas mulheres de sua casa ou as mais próximas. Da mesma forma, quando querem presentear com uma colônia ou perfume, costumam pedir os conselhos da mulher ou solicitar a companhia dela no ato da compra.

Entre os diferentes produtos analisados ao longo da pesquisa (*colônias/perfumes, cremes, produtos para barbear e para a higiene bucal*), não houve diferenças significativas com relação a quem os compra, apesar de que, conforme já foi apontado, como conseqüência da integração da mulher no mercado de trabalho e da preocupação crescente do homem com sua imagem, aos poucos o homem está se tornando um comprador habitual no setor (especialmente de produtos para barbear). No geral, os homens continuam exercendo papel minoritário na compra desses produtos.

Apesar de não ser a única consumidora de colônias, cremes, produtos para a higiene bucal e para barbear, a mulher é a principal compradora dos fabricantes e produtores desses mercados.

2. O que é comprado?

A compra é influenciada por uma série de fatores internos e externos que servem para explicar o que é comprado ou qual a estrutura de consumo dos lares, entre os quais vale citar: os estilos de vida predominantes na coletividade; a modernização e evolução do sistema econômico; a distribuição de renda entre os lares; o empenho da sociedade em aumentar as posses e desfrutar dos bens e serviços existentes no mercado; e o aumento da condição social da população.

A evolução da distribuição dos gastos dos lares demonstra mudanças profundas nos hábitos e comportamentos cotidianos; por exemplo, na Espanha, os grupos de bens denominados de primeira necessidade ou de subsistência entram cada vez menos no carrinho de compras, cedendo lugar a outros grupos de bens e serviços como habitação, transportes e comunicações.

Algumas mudanças nos hábitos e comportamentos do consumidor também foram motivadas pela aparição das grandes concentrações urbanas: pela integração da mulher no mercado de trabalho; pela abertura da economia e dos modelos culturais do país ao exterior; pelo aumento das pesquisas; e pelo aumento do tempo livre.

Em se tratando das **colônias**, o preço é considerado. Há uma tendência a se escolher o produto que seja barato e, ao mesmo tempo, possua uma fragrância agradável. No caso dos **perfumes**, mais vale a preferência pela fragrância, que seja duradoura e que sua marca dê status, do que o preço na hora de se escolher entre um ou outro produto. A maioria das compras de perfumes costuma ser feita pelas classes sociais médias e altas, pois as mais baixas não possuem renda suficiente para comprá-los, limitando-se a produtos básicos para higiene como sabonete, shampoo, desodorante, creme dental.[9]

Com relação aos **cremes**, o consumidor tende, no momento da compra, a procurar um preço médio, pois um creme muito barato pode indicar ao consumidor possíveis efeitos negativos para a pele. Alguns tipos de creme costumam ser usados em quase todas as casas (loção hidratante, nutritivos) e outros somente pelos lares em que o orçamento familiar permite (cremes anticelulite, antiolheiras, entre outros).

Os **cremes dentais**, por serem considerados bens de primeira necessidade e, em geral, possuírem baixo custo, costumam estar ao alcance do orçamento da família. O gasto com produtos para a higiene bucal está aumentando entre as famílias com maior poder aquisitivo em virtude dos produtos complementares ao creme dental (fio dental, anti-sépticos bucais), bem como aos cremes dentais que incorporam outras funções, dirigindo-se a setores diferentes da população (cremes

9 No Brasil, há os perfumes contratipos, ou seja, similares ou genéricos dos importados, com preço bem mais baixo. De acordo com a Associação Brasileira das Indústrias de Perfumaria, Higiene e Cosmética, os contratipos não são ilegais, pois não são vendidos como o original, eles são feitos com base nas substâncias usadas na composição de um perfume original, o qual atua como sua referência. Em geral, são dados números em vez de nomes aos contratipos e, em uma tabela, o cliente pode identificar o perfume original com o número. Outros diferenciais, além do preço, são as embalagens e frascos mais simples que os contratipos utilizam. *Fonte: Perfumes genéricos*, seç. Coisas da Vida, www2.correioweb.com.br/cw/EDICAO_20020621/vid_mat_210602_134.htm, 21 jun. 2002. (NE)

branqueadores, com sabor para as crianças, para dentes e gengivas sensíveis para dentaduras).

Quando se trata da compra de **produtos para barbear e depilar**, a classe social do(a) usuário(a) será de grande importância. As classes sociais baixas tendem a comprar produtos descartáveis e a utilizá-los com menos freqüência, ao passo que, com o aumento do poder aquisitivo, o orçamento gasto com esses produtos é maior (aparelhos de barbear mais avançados, cremes depilatórios com perfume, descolorantes para os pêlos, ceras específicas para diferentes partes do corpo).

3. Por que determinado produto é escolhido?

A tomada de decisão de compra é um ato individual, condicionado por fatores como a percepção, a experiência ou a personalidade. As necessidades concretas do usuário também devem ser consideradas, já que este escolherá determinado bem ou linha (por exemplo, creme para peles sensíveis ou para peles oleosas) dependendo disso. Essa é a razão pela qual as marcas operantes no mercado lançam linhas de produtos diferentes; para abranger maior parte do mercado.

Destacam-se os cinco fatores apresentados a seguir como os que os consumidores mais valorizam na hora da compra dos produtos que foram analisados: a experiência obtida dos bens adquiridos habitualmente; a confiabilidade de determinadas marcas; a compra de produtos novos ou da moda; novos produtos analisados pela imprensa; e a escolha de produtos conhecidos pela publicidade. Cada um desses fatores influencia de determinada maneira a compra de produtos diferentes.

No momento de escolher determinada **colônia,** os fatores mais determinantes são: *preço, composição, fragrância* e *frescor,* assim como a confiabilidade de determinadas *marcas* que já estão há vários anos no mercado.

A decisão de compra de uma colônia costuma ser individual, feita por quem a usará. Não se busca conselho de outros, a não ser no caso de colônias infantis ou familiares que normalmente é a mãe quem costuma decidir qual colônia será comprada.

A *publicidade no mercado espanhol não tem papel tão relevante para as colônias* como para os perfumes, apesar de que, nos últimos anos, a campanha de águas de colônia tem aumentado. Atualmente, são vendidas em tamanhos diferentes, menores que as colônias tradicionais, mas não tão pequenos quanto os perfumes. Por meio da publicidade, tenta-se transmitir idéias e sensações de frescor, dirigidas ao público jovem.

Já na escolha de um **perfume**, as recomendações familiares, a possibilidade de testá-lo, a marca, a moda, a publicidade, bem como a personalidade do consumidor, são fatores determinantes.

Quando uma pessoa se dispõe a comprar um perfume, ainda que a decisão final dependa de seu gosto individual, costuma-se pedir *conselhos aos familiares,* amigos etc. (principalmente quando for para presente). Da mesma maneira, as pessoas se deixam levar pelas sensações que a fragrância transmite; por isso, a importância das *amostras.*

Atualmente, muitos perfumes levam os nomes de estilistas cujas roupas costumam ser caras. Oferecem diversas linhas de perfumes, embora o preço sempre seja de médio a alto. As compradoras de tais perfumes não buscam somente uma fragrância agradável, mas também certo *nível* ou *status social* ou desejam estar *na moda*.

Todos esses elementos estão refletidos na *publicidade* desses produtos, sendo, em geral, anúncios que transmitem elegância, sedução, paixão, sensualidade, poder e diferenciação. Apela-se para os sentimentos e emoções que o consumidor procura e deseja alcançar.

Com relação aos cremes, o primeiro fator considerado importante na hora de se escolher um produto é a *experiência*, o conhecimento que o usuário tem do produto. Dessa forma, as marcas costumam distribuir amostras de seus novos produtos a fim de que as pessoas experimentem seus efeitos. Tais *amostras* podem ser encontradas em revistas de moda e perfumarias ou distribuídas na compra de produtos, da mesma marca, que estejam há mais tempo no mercado (por exemplo, compre uma colônia e ganhe um creme hidratante da mesma linha). A compra também é estimulada por meio de promoções e descontos; muitas vezes, são colocados cupons ou vales em revistas, para que sejam apresentados no ato da compra.

Já no setor dos cremes, a *confiabilidade das marcas* é decisiva, pois são bens que podem afetar a saúde da pele. Por isso, as marcas realizam campanhas explicando que o produto foi clinicamente testado; que pesquisas foram feitas em laboratórios renomados; além de serem colocados nas embalagens selos de garantia dados por algum instituto autorizado. A confiabilidade é reforçada pelas campanhas publicitárias, como no caso da Biotherm, em que os principais responsáveis pela empresa, por meio de uma linguagem técnico-científica, certificam todas as vantagens que a aplicação de seu creme traz à pele e mostram testemunhos sobre o antes e o depois de supostas usuárias, satisfeitas com o produto.

Os compradores de cremes ou loção hidratante também se detêm muito à *composição do produto*, assim como às instruções de uso, encontradas na embalagem e nas campanhas publicitárias, as quais, às vezes, ressaltam a possibilidade de se encontrar tal creme nas melhores farmácias, como garantia de produto que deixa a pele saudável.

A *publicidade* dos cremes geralmente é feita com modelos, embora tendam a aparecer com uma imagem mais natural e em um ambiente mais discreto que aqueles dos anúncios de perfume. Além disso, sobretudo nos últimos tempos, as modelos devem cumprir determinados requisitos para cada tipo de creme que anunciam, pois os consumidores querem encontrar modelos que pareçam ter tido as mesmas necessidades que eles, sanadas pelo uso do creme. Entretanto, a maioria dos cremes é anunciada por modelos jovens, mesmo quando se trata de um produto destinado a pessoas mais velhas, como os cremes anti-rugas.

Em se tratando dos produtos para barbear e depilar, serão distinguidos os produtos de uso masculino dos produtos de uso feminino.

Para os **produtos de uso masculino**, cabe ressaltar a experiência pessoal, a confiabilidade das marcas e de produtos e serviços conhecidos por meio de campanhas feitas por celebridades.

Os homens, em geral, são mais fiéis a uma marca e é difícil que mudem de produtos, mesmo com muita insistência e conselhos. O que mais se valoriza na hora de escolher os produtos para barbear (aparelhos, cremes, pós-barba) é a experiência pessoal. A reputação da marca é o que os faz, ou não, testar um novo produto; deve ser uma marca que esteja há vários anos no mercado.

Nos últimos anos, entretanto, a *publicidade* tem sido focada no público jovem, utilizando celebridades, principalmente, do mundo do esporte, ou seja, pessoas que tenham alcançado sucesso ao longo da carreira e que sejam admiradas pelos homens e também sejam atrativas para as mulheres, já que são elas que efetuam a compra.

Com relação aos **produtos para depilação feminina**, além da *experiência pessoal*, as mulheres levam em consideração os conselhos de pessoas conhecidas, bem como as *recomendações feitas por determinadas revistas*, dirigidas ao público feminino.

Outro fator considerado pelas mulheres na hora de escolher seus produtos depilatórios são as diversas *promoções* e *brindes* (amostras de cremes depilatórios, ofertas ao comprar determinados produtos conjuntamente, refis, entre outros).

Há também a *possibilidade da troca* de determinados produtos, como os aparelhos elétricos de depilação (por exemplo, oferece-se a troca do produto dentro de 60 dias, caso a consumidora não esteja satisfeita, ou baixa-se o preço do novo aparelho em troca do antigo).

Na publicidade desse tipo de produto, geralmente, há modelos com pernas longas e pele luminosa, em praias e piscinas (situações nas quais as pernas são expostas); as músicas utilizadas são contagiantes; e mostra-se também a vantagem do produto, como o fato de este não causar dor.

Já nos produtos para higiene bucal, principalmente as escovas e cremes dentais, considerando-se que a maioria das marcas possui preços e propriedades semelhantes, a experiência pessoal e a confiabilidade com relação a determinadas marcas são os fatores relevantes para a escolha.

As necessidades pessoais (gengivas sensíveis) e os avanços no design também levam os consumidores a testar marcas ou produtos novos.

Nesse sentido, as inovações das empresas são constantes a fim de se diferenciarem dos concorrentes. Um exemplo é a OralB, que lançou uma escova dental que não possui somente cerdas, mas a língua também pode ser limpa com o dorso da escova, apelando, dessa forma, para uma higiene bucal mais completa e fazendo que o consumidor potencial opte pela marca e não por uma escova desprovida dessas qualidades.

O *elemento publicitário* é muito importante no setor dos cremes e escovas dentais e influi muito na decisão de compra do produto. As campanhas publicitárias costumam ser agressivas, ressaltando as vantagens e os efeitos dos produtos para a higiene bucal (efeito prolongado e frescor em sua boca; desaparecimento do tártaro com o uso da escova de marca X, em virtude de seu design; branqueador e anticáries em um). O formato do anúncio também é muito importante na escolha de um produto para higiene bucal:

- A Licor del Polo, marca espanhola, dirige-se, em seus anúncios, ao público jovem. Um grupo de amigos encontra-se no manancial de uma montanha e, devido ao frescor dado pelo creme dental, as águas se congelam. Utiliza-se, portanto, o elemento afetivo (o valor da amizade, da diversão) – elemento muito valorizado pelo jovem – e mostra-se o efeito causado na boca (frescor). Sabe-se que não é exatamente esse público que faz a compra, mas é o que influencia quem vai comprar.

- A Colgate Total utiliza uma pessoa, que supostamente usou a marca, alegando que seu problema bucal desapareceu, acrescentando que o produto foi recomendado por seu dentista. Portanto, o anúncio é dirigido às pessoas adultas e aos encarregados de fazer a compra desses produtos (a mulher, como analisado anteriormente).

No mercado, também existem **produtos complementares** à higiene bucal:

- Fio dental: utilizado, depois das refeições, por pessoas que passam grande parte do tempo fora de casa. O fator mais influente em sua compra é o preço.

- Anti-sépticos bucais: utilizados após a escovação. Como os cremes e escovas dentais, os fatores determinantes na escolha desses produtos são a experiência pessoal, a confiabilidade da marca e a publicidade, com base na apresentação da forma de uso e dos efeitos que tais produtos produzem (gengivas mais fortes e saudáveis), assim como dos efeitos negativos no caso da não utilização do produto. A Oraldine, por exemplo, é uma marca fabricada por uma empresa de produtos farmacêuticos (Pfizer), o que gera maior confiabilidade por parte dos consumidores, bem como uma garantia de qualidade da marca. Da mesma forma, as recomendações dos dentistas quanto às diferentes marcas do mercado exercem papel importante.

Finalmente, cabe destacar que, na escolha de produtos/marcas dos últimos quatro setores analisados (cremes, perfumes/colônias, produtos para higiene bucal, barbear e depilar), a internet tem exercido papel muito importante. Muitas marcas possuem suas próprias páginas eletrônicas, nas quais podem ser observados os diferentes produtos fabricados pela marca, os modos de uso distintos, as contra-indicações etc. Por exemplo, a Veet, em sua página, mostra os diferentes produtos (ceras, cremes depilatórios, entre outros), apresentando os casos em que cada um se aplica (cera para pernas, para peles sensíveis, entre outros). Do mesmo modo, expõe as contra-indicações e o que fazer caso surjam problemas em virtude da utilização.

Outro exemplo é o da Pfizer, que possui sua própria página na internet, apresentando seus diferentes produtos farmacêuticos, entre os quais se encontra *Oraldine*. Há um texto explicativo sobre benefícios, instruções de uso e composição.

Essa é uma facilidade para o consumidor, que pode analisar os diferentes produtos e decidir qual o mais conveniente de acordo com suas necessidades. É um complemento que influencia na escolha de uma marca.

4. Onde se compra?

Nos últimos tempos, a estrutura e o equipamento comercial evoluíram e continuarão a evoluir a fim de atender às demandas das pessoas. As mudanças, entre outras, deram-se em razão da:

- Existência de uma rede de self-service importante, da capacidade de deslocamento, da concentração de oferta e da implementação de tecnologia dos lares. Esses fatores permitiram a entrada, no setor de distribuição comercial, de capital estrangeiro para a criação de grandes espaços. Até o fim dos anos 1990, ainda havia a preferência pelos supermercados, em detrimento dos hipermercados.

- Criação de novas zonas residenciais de classe média e alta nos arredores das cidades, sem que houvesse uma estrutura comercial nessa região. Esse fenômeno propiciou a criação de centros comerciais e hipermercados, destinados a satisfazer as demandas dos novos residentes.

- Atomização e da especialização diminuta do comércio tradicional, que não se adaptou aos tempos atuais: oferta de pouca variedade; ausência de serviços complementares à compra; horários comerciais rígidos demais para as necessidades atuais; escassez de ofertas e promoções que beneficiem o consumidor etc.

As diferentes estruturas comerciais são utilizadas pela população de formas diversas. Para cada um dos quatro segmentos que estão sendo analisados, os consumidores têm uma preferência.

Na escolha do estabelecimento habitual para a compra de **produtos para a higiene bucal**, os consumidores vão mais aos *hipermercados* e, em especial, aos *supermercados*. As principais razões são a proximidade ao cliente, a modernização das estruturas, a moderação dos preços oferecidos e o fato de que a compra desses produtos se dá simultaneamente à compra dos alimentos e outros produtos para higiene como sabonete, gel, entre outros. Trata-se de um consumo maciço, cotidiano cuja escolha o consumidor dedica pouco tempo.

Nesse caso, não se pode esquecer o papel das *farmácias*, já que muitos anúncios de produtos para higiene bucal proclamam que estes podem ser encontrados nas farmácias, o que lhes dá maior garantia.

Já os **perfumes e colônias** são comprados com maior freqüência nas *perfumarias locais* (a loja tradicional está mais próxima que qualquer outra e até pouco tempo era o canal de distribuição líder nesse grupo de consumo) ou nas *grandes lojas* que disponham de uma seção de perfumaria. Os argumentos a favor das pequenas lojas locais são quanto à proximidade do domicílio, bom atendimento e, em muitos casos, a amizade; por sua vez, nas grandes lojas destaca-se a variedade de produtos apesar dos preços altos.

Os *supermercados e hipermercados* também são grandes distribuidores de colônias, especialmente as mais frescas, vendidas em embalagens relativamente grandes.

Os **produtos para barbear e depilar** são habitualmente comprados nas *grandes lojas*, que costumam dispor de seções específicas para esses produtos. Já os produtos não reutilizáveis, como lâminas, cremes para barbear ou depilar, aparelhos descartáveis, entre outros, são habitualmente comprados nos *supermercados ou hipermercados*, pois, assim como o gel e o sabonete, são produtos de uso cotidiano, de compra rápida.

Por fim, os locais de compra dos **cremes** dividem-se entre as *perfumarias locais*, as *grandes lojas* e as *farmácias* (especialmente os produtos para tratamentos específicos). Nos *supermercados ou hipermercados*, costuma-se encontrar cremes mais comuns, como os hidratantes, de uso diário e utilizados pela grande maioria da população.

5. Quando se compra?

Nos quatro segmentos analisados (cremes, perfumes/colônias, produtos para depilar e barbear e produtos para higiene bucal), os produtos são comprados quando acabam. São incluídos na lista de compras, geralmente realizadas pela dona de casa (situação que, como citado anteriormente, está mudando). Na Espanha, por exemplo, habitualmente realiza-se uma compra por semana, principalmente às sextas-feiras e aos sábados. Costuma-se ir aos supermercados e lojas locais na sexta-feira e às grandes lojas aos sábados.

Apesar de os cremes, os produtos para a higiene bucal e as colônias serem produtos de uso diário, cabe realizar uma série de considerações quanto à época de maior compra desses produtos:

- Com relação aos **produtos para higiene bucal**, **colônias** e **cremes**, a compra é regular durante todo o ano, pois, como bens de primeira necessidade, esses produtos são incluídos na lista de compra toda vez que se acabam. A compra realiza-se tanto em supermercados quanto em grandes lojas, às sextas-feiras ou aos sábados. Se as marcas das colônias são menos comuns, será necessário comprá-las nas grandes lojas ou perfumarias.

- Com relação aos **perfumes**, os picos de venda são Natal e Dia das Mães/Pais, visto que são acessíveis e agradáveis para se presentear. A prova disso é que as campanhas publicitárias são mais intensas nessas épocas do ano. Além disso, as grandes lojas especializadas nesses produtos realizam anúncios e pacotes que incluem o perfume e outros produtos da mesma marca (por exemplo, hidratantes).

- Com relação aos **produtos depilatórios femininos**, dois fatos ocorrem:
    - São produtos cujos efeitos são de longa duração (principalmente o da cera), fazendo que o uso não seja diário como os produtos anteriores e, portanto, a compra prolonga-se no tempo.
    - Por outro lado, a compra é mais intensa no verão, como demonstram as campanhas publicitárias, que são agressivas nessa estação e quase nulas durante o resto do ano.

- Opondo-se aos produtos depilatórios femininos, os **produtos para barbear** são utilizados diariamente pelos homens, motivo pelo qual são adicionados à lista de compras semanais quando acabam. Sua compra, portanto, mantém-se regular durante todo o ano.

Capítulo 3

Cosmética: tendências de consumo

3.1 INTRODUÇÃO

A sociedade em quase todos os países está mudando rapidamente. O aumento da população imigrante ou de outras regiões; a expectativa de vida maior; a diminuição da taxa de natalidade; a redução do número de membros em cada família; o aumento do número de pessoas que moram sozinhas; os filhos que saem cada vez mais tarde da casa dos pais, em muitos casos, com mais de 30 anos; a incorporação da mulher no mercado de trabalho; esses fatores que estão ocorrendo nos últimos anos acabam influindo decisivamente no consumo de produtos e serviços. A esses fatores, puramente sociodemográficos, juntam-se outros, que são qualitativos, como consumidores cada vez mais críticos, informados e exigentes cujos novos hábitos de vida fazem que prefiram, muitas vezes, produtos mais funcionais e variados. Em resumo, querem produtos que lhes proporcionem uma qualidade de vida melhor.

Esses fatores demonstram a necessidade de se observar as mudanças produzidas nos consumidores a fim de compreender as tendências dos grandes mercados de consumo e preparar as marcas para o futuro. Inúmeras alterações sociodemográficas e qualitativas obrigam os fabricantes e distribuidores a desenvolver produtos dirigidos a um público-alvo novo.

O comportamento do consumidor é determinado por vários fatores. Além dos fatores internos, há os externos econômicos, sociais e culturais, que marcam a tendência atual no mercado mundial, conforme demonstrado a seguir:

- Quantidade de consumidores. Não é somente quantidade maior de consumidores, mas também cada vez mais diversos: a população imigrante. A população imigrante em cada país acaba influenciando o mercado; são novos consumidores, com necessidades e preferências concretas.

- O prolongamento da expectativa de vida é acompanhado por uma melhora no estado de saúde de todas as idades. Os consumidores têm mais tempo livre e maior poder aquisitivo, portanto, exigem produtos diferenciados.

- O número de membros em cada família também diminuiu. Atualmente, a média não supera três pessoas por lar, e, há pouco mais de 30 anos, essa média era de quase quatro membros. Em muitas casas, apenas uma pessoa reside, e há cada vez menos casas com cinco ou mais pessoas. Os produtos também devem se adaptar a essas circunstâncias, com apresentações, tamanhos e variedades dirigidos a esses lares.

- A entrada da mulher no mercado de trabalho influi muito nessa mudança, em razão de elas administrarem as obrigações profissionais e as domésticas, o que necessariamente afeta seus hábitos de consumo e sua atividade como dona de casa.

Outras alterações mais qualitativas, que influem claramente nas tendências de mercado, também podem ser apontadas. Os consumidores estão mais críticos, informados, exigentes e reflexivos ao fazer suas compras. Está cada vez mais difícil convencê-los a comprar o que não necessitam. Também são mais sensíveis a produtos inovadores e com valor agregado.

Eles conhecem e valorizam as instituições de proteção e defesa do consumidor, mas só recorrem a elas quando surge um conflito que não pode ser resolvido individualmente. Esse tipo de organização tem muito trabalho com o setor cosmético. Alguns exemplos de denúncias apresentadas são, em geral, contra a publicidade sexista, contra a utilização de testes em animais para a fabricação dos produtos, alergia que alguns cosméticos podem causar e contra propagandas enganosas, entre outros.

Quanto ao perfil do consumidor atual, pode-se dizer, considerando-se as características mais gerais da sociedade e os sentimentos mais comuns, que existe: preocupação com a saúde; satisfação com a casa onde mora; motivação; sociabilização freqüente; avaliação negativa sobre o mundo; orgulho do país; felicidade; entre outros.

A mulher, principal compradora tanto para ela quanto para o lar, ocupa o primeiro lugar no ranking de importância para a publicidade. Por esse duplo papel, quase todos os anúncios publicitários são voltados às consumidoras, mostrando suas conquistas políticas, sociais e econômicas.

Por outro lado, os homens aparecem como objetos de sedução, dotados de sensibilidade que não possuíam. Esses *novos* homens desempenham tarefas que antes eram reservadas exclusivamente às mulheres, como passar mais tempo com os filhos, procurar desafios e diversão tanto dentro quanto fora do trabalho.

Como os jovens consumidores "têm de tudo", preferem a socialização às compras. As tendências consumistas têm base na homogeneização, causada pela moda ou tendência, que afeta todos os jovens da mesma maneira.

As crianças são consideradas clientes potenciais que devem ser conquistados desde cedo, pois a vida delas também mudou com a nova sociedade: passam menos tempo em casa, socializam-se e se auto-educam, de maneira que se tornam cada vez mais exigentes.

A indústria da cosmética é consciente do potencial do setor infantil e da pressão crescente exercida pelas crianças. Ainda que elas não sejam compradores diretos dos produtos, participam cada vez mais intensamente do processo de compra. As crianças passam cada vez mais tempo diante da televisão e, por isso, conhecem muito bem as principais marcas e produtos.

Como pode ser comprovado em um anúncio do shampoo *Elsève*, da L'Oréal na nova era do marketing e, principalmente, no mundo da cosmética, produtos cada vez mais específicos são oferecidos, até mesmo linhas completas. Para cada problema concreto, há uma solução: cabelos lisos, encaracolados, crespos, oleosos, entre outros.

O consumidor do século XX está cada vez mais exigente e procura produtos mais personalizados. A mensagem do anúncio diz que: "cada tipo de cabelo é único. Descubra o cuidado sob medida para o seu". Como observado no Capítulo 2, as empresas utilizam celebridades para conseguir que seus produtos entrem no lar do consumidor.

As empresas não almejam mais satisfazer as necessidades dos consumidores; antes as criam, procurando expandir seus mercados por meio de novas oportunidades de vendas. Dessa maneira, novos produtos surgem constantemente. Um exemplo para representar esse fenômeno são os lenços umedecidos *Charmin*, comercializados, em parte da Europa, com o slogan: "Uma nova forma de higiene para toda a família". A empresa está vendendo um substituto do papel higiênico convencional, que supostamente limpa melhor, é mais fresco e não apresenta nenhum tipo de inconveniente, além de ser biodegradável. Já a *Tena* soube contornar o problema, que milhões de mulheres têm, da incontinência urinária, que era tabu na sociedade até pouco tempo. Além disso, soube ganhar espaço em um segmento tradicionalmente ocupado pelas empresas de absorventes higiênicos.

3.2 COSMÉTICA FEMININA

A cada dia, estamos mais submetidos ao bombardeio contínuo de imagens de mulheres com rostos muito atraentes, na televisão, no cinema e nas revistas. Imitamos os cortes e penteados de cabelo e a maquiagem, mas, na maioria das vezes, é muito difícil conseguirmos o efeito desejado.

Os anúncios de cosméticos (cremes, maquiagens, perfumes, entre outros) prometem nos aproximar desses padrões de beleza, o que é muito difícil considerando-se que as empresas contratam modelos para suas campanhas cuja beleza está muito acima da média.

Entretanto, esses anúncios utilizam-se da preocupação da maioria das mulheres, especialmente a partir de certa idade, em parecer atraente aos olhos dos demais e a si mesmas (necessidade de ser aceito, de ser o centro das atenções). Até mesmo para se conseguir um trabalho, dependendo da situação, é necessário possuir determinada aparência, que pode ser obtida com a ajuda desses produtos de beleza.

A sociedade exige que a mulher atual seja boa mãe, trabalhe fora de casa e, além disso, esteja sempre bonita. Devido a isso, os produtos de cosmética dirigidos ao sexo feminino são constantemente incrementados. Há uma série de produtos com preços diferenciados que, deixando de ser de luxo, torna-se um bem cada vez mais representativo no carrinho de compras.

A arte de utilizar produtos cosméticos para a higiene, o cuidado e embelezamento do corpo é lendária. No Antigo Egito, a fabricação de produtos cosméticos alcançou seu esplendor. As mulheres egípcias usavam tônicos para pele e cabelo, bálsamos e muitos outros preparados, quase todos compostos por leite de cabra, farinhas, leveduras, mel, argila e óleos, a fim de ressaltar seus pontos fortes.

Na Grécia e Roma antigas, as mulheres privilegiadas já utilizavam todo tipo de produto para colorir o corpo. Em sua maioria, eram cosméticos muito primitivos, confeccionados a partir de produtos naturais.

No fim do século XX, com o desenvolvimento da indústria química, a cosmética se difundiu por todas as classes sociais.

Ainda que todo o corpo possa ser submetido a tratamentos, homens e mulheres cuidam de forma especial de algumas áreas que ficam mais expostas aos olhares dos demais, como rosto, mãos, cabelo.

Loções para limpeza da pele; cremes hidratantes, nutritivos e anti-rugas; tônicos; desodorantes; condicionadores, entre outros, são produtos "mágicos" que ressaltam a nossa beleza e nos fazem sentir bem conosco mesmos.

No mercado, os cremes hidratantes são os reis da cosmética feminina. Com a idade, a pele perde a capacidade de reter água, motivo pelo qual sua elasticidade é comprometida. Isso faz que o uso de cremes seja necessário e recomendável. Além dos hidratantes, os cremes anti-rugas e os cremes nutritivos em geral retardam o aparecimento das temidas rugas. Ainda mais recentes são os cremes esfoliantes, que eliminam a camada de células mortas, clareando a pele e aumentando sua transparência.

Observa-se também um consumo crescente de cremes anticelulite e de tratamento corporal, que preconizam o combate à celulite, o aspecto de casca de laranja, tão temida pelas mulheres, principalmente em períodos de férias, em que os biquínis e maiôs são utilizados.

Na hora de escolher entre um ou outro produto, é evidente que cada consumidora se deixa levar por uma demanda específica. Os produtos cosméticos mais utilizados já foram citados, mas o que chama a atenção de uma mulher para comprar outros produtos de beleza?

Há alguns anos, os únicos meios que as garotas de 13 a 17 anos dispunham para "se manter conservadas" eram água e sabão. Atualmente, há maquiagens, loções para limpeza, tônicos e cremes antiacne, complementos à beleza das adolescentes sem problemas específicos.

As mulheres com idades entre 25 e 35 anos estão em um momento da vida em que há grande preocupação com a beleza, mas nem tanto devido às rugas, que somente aparecerão em idades mais avançadas. Atualmente, as mulheres dessa faixa etária são trabalhadoras, dinâmicas, modernas e querem passar uma impressão ideal de si mesmas. O consumo desse grupo concentra-se em maquiagens, produtos para o cabelo, cremes hidratantes; portanto, querem manter a beleza jovem que as caracteriza.

O período que engloba dos 45 aos 50 anos costuma ser comparado à puberdade. O organismo feminino se submete novamente a alterações hormonais e, como a adolescente, essa mulher também está instável emocionalmente: não se sente mais segura de si, não enxerga as possibilidades e precisa ser tranqüilizada. Quanto a isso, os cosméticos conseguem resultados favoráveis, com seus produtos virtuosos que conservam pelo menos parte do frescor e da elasticidade juvenis dos tecidos, do rosto, da pele.

Nas campanhas publicitárias, destaca-se a presença de personagens famosos, formadores de opinião, ligados à essência do produto como citado no Capítulo 2. Está comprovado que esse tipo de recurso é eficaz para atrair o público feminino, já que a proximidade entre produto e personagem cria uma percepção de semelhança e um desejo de ser parecido com o personagem por meio do produto em questão.

A **imagem da marca** está muito relacionada com esse aspecto. A maioria da população feminina anseia possuir produtos de determinadas marcas de luxo (Chanel, Armani, Givenchy etc.), devido ao prestígio que representam; entretanto, nem todas têm acesso a esses produtos. Por isso, as grandes marcas de luxo optaram por uma diversificação de seus produtos para o ramo dos perfumes e cosmética, a fim de que um segmento mais amplo da população possa adquiri-los (qualquer mulher com poder aquisitivo médio pode ter um perfume Chanel, mesmo que não possa comprar uma roupa dessa marca). Portanto, a marca é característica dominante para certos produtos e muitas consumidoras.

Outra variável a se considerar é o **preço**, que não é tão importante no caso das marcas citadas, mas o é em produtos mais competitivos (Nivea *versus* L'Oréal *versus* Garnier etc.). Esses produtos, para os quais o preço é importante, costumam ser comprados em supermercados, hipermercados e grandes magazines, em contraposição aos produtos de luxo, que são adquiridos em distribuidoras autorizadas e perfumarias especializadas.

Pode-se concluir que, para o setor feminino, existe todo tipo de produto, para todas as idades e que continuamente novos produtos estão sendo desenvolvidos para suprir todas as necessidades da população feminina.

3.3 COSMÉTICA MASCULINA

Os homens aderiram à cosmética por completo. O conceito de masculinidade modificou-se e, na década de 1990, os homens começaram a se cuidar e se preocupar com a estética, uma faceta reservada às mulheres, até então.

Em abril de 1999, a marca internacional Nivea *for Men* apresentou uma pesquisa realizada na Europa sobre a mudança do papel do homem em nossos tempos. As grandes alterações no ambiente familiar e social afetam enormemente o papel do homem. Esse processo, que ocorreu em toda a Europa, exigiu que ele repensasse sua masculinidade.

O homem de hoje interessa-se cada vez mais por terrenos tradicionalmente femininos como a moda, o lar ou a cosmética. Com relação aos produtos de cuidado pessoal, o homem conhece cada vez mais os produtos disponíveis no mercado e decide quais ele quer; por exemplo, na Espanha, 90% decidem quais produtos vão utilizar, ainda que 50% desses deleguem a compra à mulher; 75% deles reconhecem que se preocupam com os cuidados com a pele. Os mais inovadores são os levantinos,[1] 5% dos quais usam creme hidratante após a barba e 11% usam cremes faciais, em contraposição aos 3% e 5%, respectivamente, registrados na Espanha como um todo.

Uma pesquisa chamada "Mercados en crescimiento alrededor del mundo: cuidado personal" (Mercados em crescimento pelo mundo: cuidado pessoal) analisou as vendas em quase 60 categorias de produtos, em 56 países, mostrando inúmeras tendências de consumo. Como observado, as vendas de produtos como gel de banho aumentaram 7% em 2003. Esse é um dos produtos com maior crescimento

1 Pertencentes aos países do Levante, que compreende Turquia, Síria, Jordânia e Egito. (NE)

de todas as categorias de cuidado pessoal, principalmente por causa do aumento de itens voltados ao homem.

O crescente interesse da população masculina com sua aparência fez que os fabricantes desenvolvessem produtos específicos para os homens. Por exemplo, a Procter & Gamble anunciou que havia fechado um contrato exclusivo com a OT OverTime para lançar uma linha de produtos para cuidado pessoal dirigida aos adolescentes. A Unilever também participou dessa tendência. Com a marca Axe, dirigida ao público masculino, comercializada em 58 países, expandiu-se em poucos anos e passou a vender grande variedade de produtos: desodorantes spray e roll-on; géis de banho; produtos pré e pós-barba; shampoos. Desde seu lançamento, em 2002, a Axe está produzindo um impacto notável nas vendas da Unilever nos Estados Unidos. A Gillette introduziu no mercado o sistema *Mach3 Power*, outro exemplo de produto, que traz inovações tecnológicas, dirigido ao mercado de maior e mais rápido crescimento entre os homens, o setor de aparelhos de barbear.

A beleza masculina está cada vez mais se transformando em objetivo prioritário do mercado de cosméticos. Muitas marcas consideradas exclusivas para mulheres criam novos produtos desenvolvidos especialmente para os homens, que começaram a se preocupar com seu aspecto físico e a conhecer os cuidados mais convenientes. Por isso, as grandes marcas consideram as diferenças existentes entre as peles dos homens e das mulheres, o que é refletido em suas linhas de tratamento.

Eles preferem cosméticos com uma imagem agressiva e refinada e uma ação precisa, que garanta a eficácia do produto. O homem é um consumidor exigente. A indústria da estética soube reagir prontamente a essa demanda e, até mesmo, incentivá-la por meio do marketing.

Nos anos 1990, o sexo viril transformou sua idéia de estética e deu lugar à forma de pensar que hoje conhecemos. Nessa época, os grandes meios de comunicação também se desenvolveram ferozmente, impondo novos padrões de beleza na mentalidade da sociedade.

Os primeiros cosméticos que irromperam no mundo dos homens foram os produtos pós-barba. Atualmente os homens dispõem de uma série de loções, géis, bálsamos e cremes que acalmam, suavizam e regeneram a pele. A indústria cosmética conseguiu que esses produtos deixassem de ser oleosos para ser de rápida absorção, combatendo tanto a secura quanto a falta de elasticidade da pele.

Nos anos 1980, a cosmética masculina foi lançada no mercado, mas só nos anos 1990 alguns garotos, não muitos, animaram-se a utilizá-la. O perfume é evidentemente o produto de que mais gostam, seguido atualmente das linhas de banho sensuais, compostas por desodorantes, géis e óleos aromáticos. Entre as novas conquistas da cosmética masculina estão as máscaras e, a maior novidade, as maquiagens para se obter melhor aspecto.

O primeiro disparo foi dado pela Guerlain, em 1998, com seu pó compacto para homens, *Terracotta pour Homme*, acondicionado em um pote semelhante ao do creme de barbear tradicional.

A Clarins e a Lancôme lançaram suas próprias linhas masculinas, mas quem surpreendeu foi a Jean Paul Gaultier. Os resultados desse tipo de cosmética estão sendo muito bons, e os consumidores estão encantados com as novas linhas de produtos. O desenhista afirma que "a roupa não torna o homem masculino. Sua masculinidade está em sua cabeça".

Considerando-se as cifras das vendas no setor masculino, pode-se observar como o número de homens preocupados com a imagem aumentou.

Ninguém duvida de que os homens estejam cada vez mais preocupados com seu cuidado pessoal, dado corroborado por inúmeras pesquisas que, ano após ano, revelam como os homens começaram a gastar dinheiro com produtos até pouco tempo inimagináveis.

Na Espanha, por exemplo, um país tradicional, 40% dos habitantes admitem utilizar produtos cosméticos e somente 6% consideram o uso como "coisa de mulher".

Um dos setores da cosmética que estão em plena evolução é o de cremes hidratantes. Vinte e cinco por cento dos europeus utilizam-nos assiduamente e um número semelhante utiliza leites, loções adstringentes e tônicos para cuidar da pele. Isso é o que foi constatado por uma pesquisa, apresentada pela Biotherm e desenvolvida em cinco países da Europa (Espanha, França, Grã-Bretanha, Alemanha e Itália).

De acordo com essa pesquisa, o maior problema de pele dos espanhóis é o brilho, muito característico de peles oleosas. Não é de estranhar que 24% dos homens espanhóis tenham a pele oleosa, porcentagem muito maior que a de países do norte da Europa, devido à influência exercida pelo clima, que é menos frio e mais úmido nos países do sul. Depois do brilho, o que mais preocupa os homens são os cravos e as peles sensíveis.

Os espanhóis consideram que a idade, o cansaço e o estresse são os fatores que mais afetam o estado da pele, ao passo que fatores externos como não praticar exercícios, fumar ou ingerir bebidas alcoólicas afetariam a pele pouco ou nada para eles. Nesse ponto, os espanhóis se diferenciam dos outros europeus, que consideram que a poluição e o tabaco afetam a pele.

Vinte e sete por cento dos espanhóis declaram ter bolsas e olheiras ao redor dos olhos, o que lhes preocupa (35% dos homens se mostram mais inquietos por causa disso do que de outros problemas). Talvez seja por isso que tradicionalmente o tratamento para o redor dos olhos tenha sido considerado um dos primeiros produtos a ser utilizado pelo homem desde que decidiram cuidar do corpo. Na Alemanha, por exemplo, 50% dos homens demonstram sua preocupação com relação à região dos olhos.

Entretanto, uma coisa é a preocupação e outra é a ação. Nem todos os homens solucionam seus problemas de pele. Dessa forma, quanto à limpeza facial, somente 62% dos entrevistados utilizam algum produto específico para completar o efeito da água quando lavam o rosto. E pior, a utilização de produtos não específicos para lavar o rosto também ocorre.

As estrelas do cuidado masculino continuam sendo os produtos para barbear, ato de cuidado pessoal mais assumido pelo homem. Dessa forma, 93% dos espanhóis barbeiam-se assiduamente e 33% barbeiam-se todos os dias. Não é de estranhar que 70% dos espanhóis utilizem um produto destinado a esse fim habitualmente.

Se a barba é a estrela, o tratamento facial é o mais esquecido: apenas 11% dos espanhóis utilizam pelo menos um produto para a cútis (anti-rugas, nutritivos, hidratantes, entre outros). Em geral, a maioria dos que confessam cuidar da pele costuma utilizar produtos hidratantes ou nutritivos. Mas a porcentagem de jovens que utilizam esses tratamentos está aumentando, o que é um claro indicador da mudança de hábitos. Por meio da pesquisa, também se conclui que os espanhóis não são muito conscientes quanto aos efeitos do Sol na pele, pois somente 35% utilizam filtros para prevenir os efeitos nocivos causados pela exposição ao Sol.

Por fim, cabe destacar que as tendências de consumo masculinas no momento da compra partem da personalidade e do estilo de vida de cada indivíduo e do que esse tem por objetivo e pensa sobre o produto.

Quando entram em uma perfumaria sempre compram alguma coisa, que costuma ser a mais cara. São fiéis aos produtos que usam habitualmente e não são partidários de testar novos produtos. Sabem o que querem.

Com relação às tendências atuais de consumo masculino observadas, pode-se reforçar:

- *Tendência ao natural, à natureza*: a natureza, que estava esquecida de alguma forma devido à industrialização e ao progresso, parece retomar um papel prioritário por meio da ação de inúmeras associações surgidas ao redor de todo o mundo desenvolvido. A apelação para o natural está sendo muito utilizada pelas empresas em suas campanhas publicitárias. Um exemplo claro disso são os anúncios de produtos para a pele de ambos os sexos.
  O site www.cabelmar.com, em espanhol, da linha de cosméticos masculina Cabelmar, apresenta uma série de produtos

dirigidos ao homem. A venda dos produtos é feita on-line, ou pelo telefone, ou nos centros de estética especializados na pele masculina.

- *Tendência ao misticismo e à introspecção*: embora a sociedade possa ser caracterizada como consumista e materialista, nos últimos anos, iniciou-se uma evolução, levando a um interesse pela temática espiritual. As figuras espirituais aparecem em anúncios publicitários e nas marcas dos produtos.
  Dessa forma, vários exemplos do chamado homem esotérico podem ser encontrados: um homem com um olhar misterioso e caráter celestial, mas ao mesmo tempo com um aspecto infernal. Essa mistura de céu, inferno e mistério faz que ele seja a pessoa mais adequada aos contextos publicitários em que aparece. Esse homem sempre anuncia algo por meio do qual possa demonstrar seu poder e sua força a fim de fazer coisas irracionais ou impossíveis acontecerem. Alguns exemplos são o anúncio do perfume *Diablo*, de Antonio Banderas, e a situação apresentada pelo anúncio do perfume *Egoïste Platinum* da Chanel.

- *Tendência a atitudes sexuais mais liberais e à igualdade entre os sexos*: esta é uma pauta da evolução cultural aceita pela sociedade. Em geral, nos países ocidentais, a figura do homem autoritário, prepotente, chefe de família e único provedor econômico, no qual a mulher se apoiava, está obsoleta e, em muitos casos, ridicularizada.
  A inclinação ao nivelamento entre os sexos está ligada ao clima de liberdade e permissividade. Um exemplo disso são os anúncios cosméticos, cada vez mais numerosos, principalmente na Europa e nos Estados Unidos, para o setor masculino, en-

globando cremes hidratantes, esfoliantes, entre outros. E não se trata somente do setor de produtos, mas também do setor de serviços (massagens faciais, por exemplo). Outro exemplo dessa visão de igualdade entre os sexos está na substituição da imagem do macho "pela mulher sexualmente ativa...". A mulher não é mais apresentada como a típica dona de casa e os papéis estão se invertendo.

Em suma, as idéias básicas para um anúncio que mostra a igualdade dos sexos são: o público-alvo, que representa o consumidor, é um homem competitivo, vencedor, sofisticado, elegante, moderno e com espírito esportivo.

Nos últimos anos, o modelo machista foi retomado, não da mesma forma como era antes, mas sim como provocação diante da mudança social e do avanço ocorridos com relação à "igualdade" entre os sexos. É também uma forma de provocar o público subjetivo (nesse caso, as mulheres). Pode-se concluir que esse tipo de postura também é utilizada, na maioria dos casos, para dar um toque de humor ao anúncio, por meio da ridicularização do homem que pensa ser superior somente pelo fato de ser homem em contraposição ao reflexo de uma sociedade que avança continuamente para a igualdade sexual. Um exemplo claro disso pode ser encontrado em qualquer anúncio dos desodorantes da marca Axe.

- *Tendência a melhorar o aspecto e a aparência física*: a imagem já não é mais um aspecto privado. Todos se preocupam em transmitir uma imagem adequada e, nesse sentido, o culto ao corpo e a melhora da aparência física é uma realidade cada vez mais difundida entre as pessoas, tanto as jovens quanto as mais maduras. De qualquer forma, e ainda que as tendências dirijam-se a essa melhoria, cabe ressaltar que o homem espanhol cuida pouco de si.

As mudanças na alimentação e nas bebidas; a popularização das academias; e a atração exercida pelos produtos de higiene e cosmética são claras manifestações dessa preocupação com a aparência e com a imagem pessoal. Trata-se de fazer que as pessoas sintam o corpo agradável, e também de reconstruir a aparência jovem.

Alguns dos fatores que influem no consumo masculino de cosméticos são:

- *Necessidade do produto*: para que o homem compre o produto, este deve se adaptar a ele, satisfazendo alguma de suas necessidades.

- *Satisfação dos consumidores e prestígio da marca*: os consumidores são uma grande fonte de idéias, e seus sentimentos com relação aos pontos fortes e fracos das marcas existentes proporcionam dicas importantes para a criação de estratégias. Inúmeras empresas líderes realizam pesquisas constantes a fim de determinar o nível de satisfação dos consumidores quanto às diferentes marcas. Níveis distintos de satisfação podem ser analisados: racional, sensorial, social e do ego. Os consumidores podem obter tal satisfação após testarem o produto, no momento da utilização, anterior ou posteriormente.

- *Forma de venda*: para que o homem compre o produto, este deve chamar sua atenção; ser impactante e preciso no momento de transmitir a mensagem; além de ser entendido corretamente e não insistir no óbvio. Por exemplo, os perfumes não são vendidos por causa de suas características técnicas, mas sim por proporcionar certo estilo de vida ao consumidor. Nos anúncios, normalmente, não se diz que o perfume tem uma fragrância agradável, mas sim que tal perfume é para você, homem jovem, impulsivo, urbano e extrovertido.

Outros fatores importantes no momento de anunciar o produto são:

- *Que seja crível*: existem várias ferramentas como a utilização de personagens famosos, o respaldo de associações e de marcas conhecidas, a garantia de devolução, entre outros.

- *Que incite à ação*: para o consumidor masculino, valem mais as sensações fortes, provocantes, bem-humoradas que as adulações, bem como valem mais as emoções que as palavras.

Uma forma de anunciar todos esses tipos de produtos é por meio da associação enunciada pela Escola da Gestalt "problema – produto que oferece a solução". Anúncios com esquemas simples também são muito eficazes para transmitir uma mensagem e vender. Por isso, deve-se tomar cuidado para que o número de palavras não seja excessivo ou que o fundo não apareça mais que o produto.

Com relação a essas formas de anunciar, alguns exemplos podem ser expostos. Em um desses anúncios, podemos citar o veiculado na Espanha sobre a linha de produtos para o cuidado da pele masculina *Unica Hombre*, da marca Adolfo Dominguez.

A marca oferecia uma linha completa: creme hidratante para peles sensíveis e normais, creme anti-rugas, loção pós-barba, creme para a área dos olhos, gel para barbear, creme antienvelhecimento. As cores utilizadas foram cinza-escuro que, com o tom prateado do rótulo, passava seriedade, tecnologia, eficácia etc.

A palavra "presente" era destacada, aparecendo duas vezes: uma vez no slogan "um *presente* para sua pele", e, outra, no texto sobre o *presente* dado na compra de dois artigos da linha: uma bolsa de viagem, também de cor sóbria.

A frase "ação total", em negrito, tem duas funções: ressaltar a eficácia do produto e estimular a compra.

Comparando-se esse anúncio a um da mesma marca, mas dirigido ao público feminino, diferenças podem ser observadas.

Uma delas é o uso das cores utilizadas que são mais diversas (branco, cinza, azul, cor-de-rosa, entre outras), refletindo vitalidade e alegria em oposição à sobriedade do anúncio para homens. Além disso, o fundo branco, no feminino, ressalta vivacidade, limpeza, pureza e higiene dos produtos) e, no masculino, o acinzentado mantém elegância e seriedade (também presente na embalagem dos produtos). A quantidade de informação também pode ser destacada: somente informa sobre os brindes que serão dados na compra de um produto *Unica*. Nesse caso, ganha-se mais de um brinde, incluindo amostras de produtos. Essa é uma forma de fazer que as pessoas testem o produto, para que se transformem em clientes e consumidores assíduos se este lhes agradar.

Com relação à cosmética capilar, deve-se ressaltar que, desde muito jovens, os garotos temem muito a calvície. Durante toda a vida, preocupam-se com o cabelo e gastam verdadeiras fortunas em uma infinidade de tratamentos contra a queda de cabelo, como shampoos, ampolas, cápsulas e géis.

Um exemplo de cosmética capilar específica para o público masculino espanhol é o produto *H&S For Men*, da marca H&S, para combater a caspa de forma específica aos homens, que possuem necessidades diferentes das mulheres.

O produto também foi anunciado na internet por Fonsi Nieto, piloto espanhol, campeão da categoria de motociclismo SuperBike, figura reconhecida no mundo dos esportes. Também há uma promoção em que, na compra do produto, concorre-se ao sorteio de um capacete do piloto.

Já outras marcas de cosméticos, como a L'Oréal e sua linha de produtos para o cabelo *Studio Line*, dirigem-se ao público masculino oferecendo géis que lhes proporcionarão os penteados que desejam.

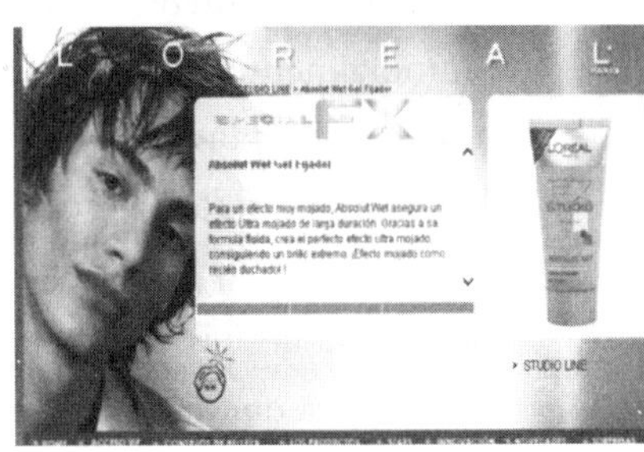

Pode-se concluir que, tradicionalmente, o cabelo e a barba eram as principais preocupações estéticas masculinas. Os hábitos de beleza dos homens e sua relação com o mundo da cosmética se limitavam a produtos de higiene diária: gel, shampoo, desodorante e colônia.

Atualmente, os cuidados faciais deixaram de ser assunto só de mulheres e passaram a ser conhecidos pelos homens. Cada vez eles se cuidam mais, entrando com força no mercado da cosmética masculina e pedindo a assessoria de mulheres, sem nenhum preconceito, quanto aos produtos mais adequados a sua pele e cabelo. Sabem que esses são cuidados diários necessários e imprescindíveis.

O setor de cosméticos masculinos evoluiu muito nos últimos anos e, atualmente, a quantidade de produtos existentes para homens é muito maior. Essa evolução foi causada pelo desenvolvimento cultural e pela conseqüente mudança nas tendências e padrões de consumo.

Finalizando esse tema, vários anúncios de produtos cosméticos masculinos serão apresentados.

* *Biotherm Homme*

Para a campanha publicitária de *Biotherm homme*, um creme antirugas para homens, a Biotherm escolheu a imagem do cantor mundialmente conhecido Robbie Williams e as cores utilizadas no anúncio, tanto a cor acinzentada quanto a cor amarela fluorescente, passaram a idéia de frescor.

A escolha de um cantor como Robbie Williams deve-se ao fato de a marca querer que o consumidor atribua ao produto tanto o sucesso pessoal quanto o profissional do cantor.

Também não se pode esquecer que o cantor é um homem muito atraente, o que faz que uma imagem positiva se forme na mente do consumidor.

* *Allure Chanel*

Para protagonizar a campanha do perfume *Allure*, de Chanel, a prestigiosa empresa francesa escolheu o modelo espanhol Andrés Velencoso. O anúncio é em preto-e-branco, sinal de elegância. Em uma atmosfera esportiva, em que o modelo posa em um veleiro com o cabelo despenteado e um ar despojado, passa-se a impressão de juventude e frescor na vida.

* *Armani Pour Homme* – Giorgio Armani

Para a análise dos anúncios de *Armani Pour Homme*, segue a evolução de três deles ao longo de 20 anos.

A primeira imagem, com a qual se iniciou a campanha publicitária, é a do rosto de um homem. Percebe-se que ele está usando um terno, sinal de elegância, sobre um fundo amarelo, sinal de luxo e riqueza.[2] Na parte inferior, à direita, aparece o frasco da colônia

2 Essa campanha é de 1989 a 1991. A primeira foi lançada em 1987. O anúncio utilizado de 1987 a 1991 foi o mesmo, porém, com pequenas diferenças de tonalidades entre o fundo e a roupa do modelo, a maior diferença está na posição do frasco; na

Armani Homme, e também a marca Giorgio Armani, carregando a mesma imagem de luxo, a qual é incorporada ao anúncio a fim de que o consumidor saiba que essa colônia pertence ao Grupo Giorgio Armani, dando ao consumidor mais segurança na compra.

Outras duas campanhas (mostradas na p. 107) foram realizadas pelo departamento de publicidade da marca. O segundo anúncio, em preto-e-branco, dá um toque de elegância. A imagem do homem, de corpo inteiro, reflete um ar sofisticado e elegante. O frasco aparece na parte inferior, à direita, a marca Giorgio Armani volta a aparecer na parte inferior e a palavra *Armani* é destacada na parte superior, a fim de se reiterar que a marca é propriedade da Casa Giorgio Armani.

A outra campanha, também em preto-e-branco, traz a imagem do frasco na parte inferior, à direita, na cor amarela, de forma a se destacar do restante do anúncio. Desta vez, entretanto, aparecem dois personagens: as costas de uma mulher e o homem. Evoca-se a sensualidade do perfume, percebida pelo consumidor.

* *Linha de produtos Tout Propre* – Jean Paul Gaultier

Quando propôs sua primeira coleção para homens, em 1984, Jean Paul Gaultier revolucionou a moda masculina.

---

primeira campanha, ele fica inclinado, e no canto superior à direita, aparece a assinatura do estilista. *Fonte*: http://perso.orange.fr/imagesdeparfums/indexfr.htm?http://imagesdeparfums.perso.orange.fr/Armani/Armani_pour_Homme01.htm&2 (NE)

Depois, Gaultier lançou os produtos *Tout Propre*, para completar a linha do seu primeiro perfume *Le Male* de 1995. Esse perfume possui uma fragrância sensual e marítima, composta por menta fresca, baunilha e alfazema. O anúncio dessa linha mostra o modelo cercado por água e vestido de marinheiro, e aparecem as cores azul e branca, o que dá uma sensação de frescor, calma e tranqüilidade.

Também se destaca o toque de erotismo e sensualidade da tatuagem no braço do modelo. O público-alvo é o homem que gosta de estar bonito e radiante.

3.4 COSMÉTICA INFANTIL

Pela primeira vez na história do mercado cosmético, há uma linha completa de produtos específicos para os pequenos consumidores. Há produtos para todas as idades, necessidades e particularidades, incluindo o sexo. Uma linha à altura de sua exigente clientela cujo consumo é tão elevado que revolucionou as cifras das vendas. De acordo com a ACNielsen, por exemplo, entre abril de 2002 e maio de 2003, somente com as fragrâncias infantis, houve um faturamento na Espanha de mais de 18 milhões de euros, o que indica um aumento de 8,24% em relação ao ano anterior.

- *Recém-nascidos*: desde o nascimento da criança até cerca de 9 anos, a pele está desenvolvendo mecanismos de autoproteção, para os quais a ajuda externa proporcionada por produtos de alta qualidade é fundamental. Entretanto, essa cosmética, destinada ao cuidado da pele delicada do bebê em seus primeiros meses de vida, exige garantias máximas de tolerância e eficácia. Não deve faltar em casa um creme para as áreas mais delicadas.

- *Crianças*: para os que já completaram um ano, há uma infinidade de ofertas para cuidar, proteger e perfumar a pele. As embalagens, de plástico ou borracha, possuem formas que atraem as crianças, transformando-se em brinquedos dentro da banheira.

- *Jovens*: após os 10 anos, o principal cuidado com a pele geralmente refere-se à acne. Impõe-se uma limpeza rigorosa e o uso de cremes e géis elaborados sem óleo para manter a pele luminosa.

As preferências dos adolescentes, entretanto, estão em outro setor. Mais precoces do que nunca, inclinam-se a fragrâncias e produtos de higiene e limpeza ligados à moda ou a estilistas conhecidos. Inicia-se o culto à imagem de forma individualizada. Esse é um público exigente, que não se conforma com qualquer coisa e quer viver rodeado do glamour e da originalidade prometidos pelas publicidades dessas linhas.

Ainda que a mulher continue sendo a principal consumidora do século XXI, já que é, na maioria dos casos, quem toma as decisões com relação à compra familiar (e, por isso, a maior parte das mensagens publicitárias é dirigida a ela), o segmento infantil está se tornando cada dia mais importante na hora de decidir que produtos comprar.

Portanto, as crianças, nesses últimos tempos, ao contrário das crianças de outras épocas, estão deixando de ser meros usuários dos produtos escolhidos e comprados por seus pais. Querem tomar a dianteira no momento de decidir quais bens e serviços consumirão. Querem que sua opinião seja considerada; e isso as empresas sabem muito bem.

Antigamente, as mensagens publicitárias das marcas visavam, em grande parte, estimular e convencer os pais de que o produto ou serviço apresentava as melhores qualidades para seu filho. Em compensação, atualmente, a maior parte dos anúncios dirige-se diretamente ao consumidor final ou é atraente a esses consumidores, as crianças, a fim de que elas influenciem os pais e provoquem o debate com relação à marca a ser comprada, coisa que não ocorria antigamente, quando a escolha somente dependia da visão prática dos pais.

Além disso, as crianças são consumidoras cada vez mais exigentes e conscientes dos significados das marcas, pois são constantemente bombardeadas com anúncios da internet e da televisão, diante da qual passam grande parte do tempo.

O Quadro 3.1 a seguir mostra as atividades exercidas pelas crianças em seu tempo livre.

Quadro 3.1

Atividades das crianças em seu tempo livre

	Meninos	Meninas
Ficar com a família	49,4%	55,8%
Assistir à televisão	30,8%	27,9%
Brincar com os amigos	56,2%	51,7%
Ler	28,4%	35,9%
Escutar música	21,3%	34,9%
Praticar esportes	51,3%	25,7%
Jogar videogame	32,8%	17,6%

Fonte: Pesquisa realizada pelo Instituto *Creatividad e Innovación*, Universidade de Valência (2000).

Atualmente, existem empresas que acreditam na expansão desses mercados e pretendem mudar a concepção de que a mãe deve decidir o que comprar, a fim de que as próprias crianças escolham os produtos a serem comprados.

Outro aspecto que deve ser levado em conta é que as crianças são consideradas clientes potenciais e, por isso, devem ser estimuladas (e ter sua fidelidade conquistada) a usar uma marca específica.

A cada dia, mais marcas desenvolvem os equivalentes dos produtos para adultos em versão infantil, como é o caso da Johnson & Johnson e da Renaissance Cosmetics, que lançaram no mercado produtos de beleza para os pequeninos da casa ou o caso da marca Tinkerbell, que dirigiu uma campanha inteira às meninas entre 3 e 10 anos, na qual há desde uma linha completa de banho até acessórios para o cuidado do cabelo.

A seguir, diferentes anúncios de produtos dirigidos a esse segmento da população serão apresentados. Os anúncios serão classificados de acordo com as diferentes idades das crianças e será feito um estudo geral de cada um deles, seguido de uma análise das tendências de consumo.

a) Anúncios para crianças menores de 3 anos

Anúncios da Dodot

O anúncio está em formato de história e é ambientado no Velho Oeste. Estabelece-se uma comparação entre a forma de andar dos caubóis e das crianças pequenas que ainda utilizam fraldas. Dessa forma, consegue-se chamar a atenção das mães, que são as clientes, para que seus filhos, os consumidores, caminhem com a maior comodidade possível. O bebê, fantasiado de caubói, dá um toque cômico e ao mesmo tempo terno ao anúncio, evocando a emotividade das mães. Na revista, o produto não aparece, mas sim a marca; entretanto, com a criança fantasiada, a memória da mãe a leva automaticamente ao anúncio de televisão, em que há mais informações sobre o produto.

Esse tipo de anúncio, por ser dirigido às mães, é mais sofisticado para tentar convencê-las. À medida que a criança cresce, o marketing começa a se dirigir, em parte, a ela também. Isso ocorre porque, desde pequenas, as crianças começam a formar tendências de consumo. O problema é que as crianças não têm a possibilidade de comprar os produtos sozinhas; portanto, os anúncios deverão convencer as mães também.

Como se pode deduzir, os consumidores desses produtos são as crianças, ao passo que as compradoras são as mães. O anúncio é claramente dirigido às mães e sempre será, pois a figura paterna é utilizada raramente, como será visto adiante.

Anúncio da Rhinomer

O cliente é a mãe, e o consumidor, o bebê. O anúncio chama a atenção da mãe, pois o produto fica na seção de "saúde", ao lado de um remédio para alergia ao pólen. Portanto, primeiro a mãe é sensibilizada quanto à saúde de seu filho e depois mostra-se a ela o produto para a higiene nasal de seu bebê.

Tanto a marca quanto o slogan (no início e ao final do espaço, em um quadro) aparecem com letras azuis sobre um fundo branco; tais cores são freqüentemente utilizadas na publicidade de produtos de

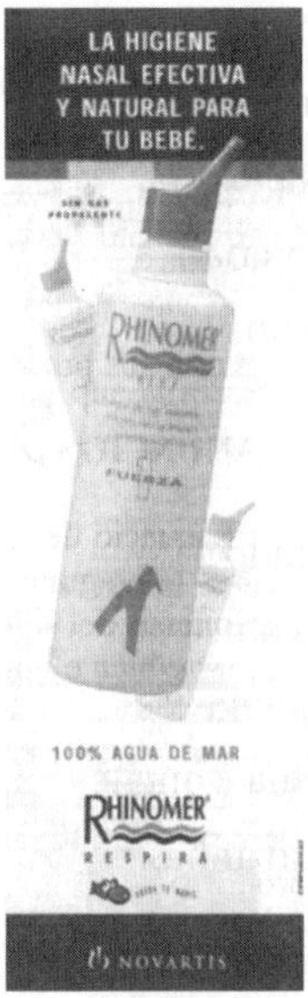

limpeza, para representar frescor, pureza e higiene. Na embalagem do produto, as cores utilizadas são inversas às do slogan e do fundo. A embalagem é vertical, o que dá classe ao produto, e letras verdes aparecem sobre um fundo branco, para destacar que o produto é 100% natural (de água do mar).

O nome do produto, também em azul, aparece em um fundo branco, sublinhado com linhas semelhantes às ondas do mar, para que o cliente, a mãe, fixe melhor a idéia de que se trata de um produto natural. Dessa forma, mexe-se com a emoção da mãe que prefere dar a seu bebê produtos naturais em vez de produtos artificiais.

Em letras vermelhas, está escrito "RESPIRA", criando a necessidade na mãe de que seu filho respire bem e, ao mesmo tempo, dando o produto como solução para esse problema.

Anúncio da Nenuco

A primeira coisa que se observa no anúncio é o colorido, muito importante nesse caso. A cor nos dá a sensação de frescor, além de ser mais divertido. Outro aspecto interessante nesse anúncio é o slogan, que compara a suavidade da pele à de uma nuvem, produzindo assim o desejo na mãe de que seu filho tenha a pele mais suave.

Nesse anúncio, palavras técnicas também são utilizadas, e os componentes do leite hidratante são citados para dar a impressão de que o produto é importante e eficaz. Obviamente, a importância do papel da criança deve ser destacada, pois ela é a protagonista do anúncio, o que desperta o instinto maternal da mãe que, nesse caso, é a compradora do produto.

O papel da mãe é fundamental, já que é a compradora do produto. Entretanto, cabe ressaltar que a mãe compra certo tipo de produto pensando no bem-estar de seu filho. Na parte inferior do anúncio, pode-se observar que "a marca colabora com a associação espanhola de pediatria". Essa frase é importante, pois transmite à mãe a segurança de que o produto é ótimo para o cuidado com seu bebê.

b) Anúncios para crianças entre 3 e 5 anos

Anúncios da Kandoo

O anúncio da internet é uma aplicação interativa que lança a seguinte pergunta às mães: seu filho já vai ao banheiro sozinho? Fazendo tal referência ao crescimento da criança, estabelece-se a necessidade de que a criança aprenda a se limpar bem e, na tela imediatamente posterior, *Kandoo*, a solução, é oferecido, pois foi desenvolvido especialmente para as crianças em fase de crescimento. A aplicação interativa mostra como a utilização desses lenços umedecidos é fácil, a fim de convencer a mãe de que a criança é capaz de se limpar sozinha e, finalmente, na última tela, aparecem os brindes que são dados na compra do produto.

As cores de todo o anúncio e das bordas do texto são roxo e verde, contraste de fácil memorização. A *Kandoo* pretende que todas, tanto as mães (clientes) como as crianças (consumidoras), associem as cores ao produto. Além disso, para chamar a atenção das crianças, utiliza o desenho de um sapinho, que poderá ser facilmente associado ao nome do produto ou até mesmo à marca. Dessa forma, tenta garantir o mercado, quer seja convencendo as mães, quer seja os filhos, que já têm idade suficiente para pedir um ou outro produto.

Entretanto, as crianças maiores de 3 anos já começam a decidir e transformar-se em clientes potenciais. Assim como observado no anúncio de *Kandoo*, os anúncios convencem a mãe, mas também chamam a atenção das crianças com promoções, brindes e jogos, a fim de que escolham seu produto e não outro. Ainda que a compra seja realizada pela mãe, são os filhos que escolhem. Com relação a crianças mais novas, utiliza-se a cumplicidade com a mãe para que seu filho comece a consumir um produto. Primeiro, ganha-se a confiança da mãe, motivo pelo qual perguntas como "seu filho já vai ao banheiro sozinho?" são feitas; e, posteriormente, explica-se como as crianças utilizarão o produto facilmente. Segundo a teoria da aprendizagem, é a mãe que transmite ao filho, inconscientemente, a confiança em determinada marca, como se essa fosse um valor, transferido por meio da educação de mãe para filho.

c) Anúncios para crianças maiores de 5 anos

Anúncio da Barbie

Em um anúncio de perfume da Barbie é possível notar que é dirigido exclusivamente às meninas. Inicialmente, há o slogan "Cosas de niñas" (Coisas de meninas). Dessa maneira, Barbie consegue dar exclusividade às meninas, dizendo que o produto é somente delas. O cor-de-rosa, característica marcante da boneca, também atrai. Não são necessários muitos subterfúgios mais, além do rosto da Barbie, para que uma menina queira tê-la, em razão também de as meninas quererem se parecer com ela.

Nesse caso, fica claro que o anúncio é dirigido à menina e não à mãe. A mãe é quem compra, pois possui o dinheiro, mas o faz para satisfazer um desejo ou uma necessidade da filha.

No anúncio, a menina é tratada como uma consumidora adulta, a fim de estimular seu desejo e, dessa forma, convencer os pais a comprar a colônia para ela. Tal desejo não é somente produzido pelo anúncio, mas também pela marca Barbie, famosa em todo o mundo, e pelo anseio da menina em se parecer com a boneca tão conhecida.

Aqui pode ser observado como as marcas são importantes no setor infantil, porque despertam desejos. As empresas têm consciência disso e, então, os anúncios não são tão elaborados, já que, para despertar o desejo das meninas, basta citar o nome da Barbie e mostrá-la.

Há mais anúncios dirigidos às meninas que aos meninos, visto que, nesse setor de perfumaria, as meninas são muito mais vaidosas que os meninos.

3.5 COSMÉTICA PARA A TERCEIRA IDADE

De acordo com uma pesquisa, a ACNielsen também revela como a tendência ao envelhecimento da pirâmide populacional está afetando as compras no setor de cuidado pessoal.

Os *baby boomers* (nascidos, especialmente nos Estados Unidos, após a Segunda Guerra Mundial, entre 1945 e 1964) estão começando a envelhecer, mas ainda influem muito no mercado, fato comprovado pelo crescimento nas vendas de produtos antienvelhecimento. A venda de produtos para o rosto e a região dos olhos cresceu 10% no último ano, com a introdução de cremes específicos para redução de rugas e minimização de olheiras. Também houve um aumento de 48% na venda de produtos para eliminação de manchas e branqueadores dos dentes.

Outra categoria relacionada à idade que está experimentando um crescimento é a de fraldas utilizadas por adultos com incontinência urinária cujas vendas aumentaram globalmente 4%. A América Latina apresenta o maior crescimento nessa categoria (6%), o que reflete um rápido aumento da população idosa.

As pessoas da terceira idade, além de participarem de anúncios dos produtos cosméticos específicos para sua fase, aparecem em anúncios publicitários de produtos que não são desenvolvidos especialmente para elas, como a Dove, por exemplo.

A empresa de cosméticos Dove lançou uma campanha publicitária com modelos nonagenárias e o seguinte slogan "Será que algum dia a sociedade aceitará que a velhice possa ser bela?". Com isso, a marca não visa apenas vender mais, mas também abrir uma discussão quanto ao conceito de beleza. Uma pesquisa recente, realizada pela empresa, indica que 97% das jovens inglesas entre 8 e 13 anos não acreditam que uma pessoa idosa possa ser bela.

Irene Sinclair (à esquerda), uma das modelos dos anúncios, nasceu em Store Newington, ao norte de Londres, há 96 anos. Nunca havia trabalhado como modelo.

"Participei dessa campanha a fim de ser a embaixadora dos idosos e mostrar que ainda temos muito para oferecer e não estamos caducos", explica à agência *France Presse*. "Nunca fui bonita na minha vida, mas agora me sinto bonita", assegura. "O segredo está em envelhecer com graça".

Essa não é a primeira vez que a Dove lançou uma campanha com modelos não-profissionais, pois afirma que 70% das mulheres que aparecem nos anúncios representam um ideal de beleza "inatingível" pela maioria das pessoas.

Capítulo 4

Cosmética: estratégias de marketing

4.1 COSMÉTICA E PRODUTO

Diante de uma sociedade em transformação e de um mercado que responde a essas mudanças sociais, é interessante analisar quais são as categorias e os segmentos de produtos com maiores e menores crescimentos. Para tanto, a ACNielsen estudou o crescimento, no último ano, de 1.100 segmentos de produtos de alimentação enlatada e drogaria/perfumaria e os classificou em três grandes grupos: os dinâmicos ou emergentes, com mais de 16% de aumento em volume; os maduros, que cresceram menos de 16%; e os regressivos, que tiveram queda nas vendas. Os produtos denominados maduros representam 59% das vendas em valor; os regressivos, 21,6%; e os dinâmicos, 19,1%.

Como são esses produtos dinâmicos ou emergentes, que certamente crescerão ainda mais no futuro? Em geral, tais produtos cumprem três condições fundamentais: inovação, pois ampliam a utilização de produtos já existentes e criam novos segmentos de mercado; captação de novos consumidores; e elevação do valor agregado, que faz que o consumidor aceite pagar um preço mais elevado.

O consumidor valoriza especialmente as inovações que contribuem para sua comodidade e que poupam tempo e os produtos de drogaria que facilitam o trabalho ou aumentam sua eficácia. Os produtos que beneficiam a saúde também se destacam.

Mais do que nunca, os fabricantes e distribuidores ocupam-se em satisfazer as necessidades dos consumidores, oferecendo variedade e segurança requeridas por eles para a família. Dessa forma, pode-se concluir que a junção entre inovação e maior número de consumidores é a peça-chave para o aumento em valor dos mercados.

O perfume ou outro produto cosmético qualquer fará parte da vida das pessoas como um fator importante e característico de seus estilos de vida e personalidades. A identificação e satisfação dos clientes são peças-chave para se conseguir uma fidelização. É por isso que, no processo de planejamento da oferta, os responsáveis pela comercialização devem considerar e definir cuidadosamente cinco dimensões ou níveis do produto. Cada uma dessas dimensões agregará mais valor e qualidade ao produto e, em conjunto, tais dimensões constituem a hierarquia de valor para o cliente.

A primeira dimensão mais importante do produto é o que poderia ser denominado o **benefício básico** substancial, aquele serviço ou benefício que o cliente está realmente interessado em adquirir, a essência, a textura do produto.

No segundo nível, os responsáveis pelo marketing devem transformar esse benefício básico em um **produto genérico**, que supra a necessidade do cliente. Nessa situação, a necessidade de uma fragrância agradável ou de uma boa textura transforma-se no produto em si.

A terceira dimensão, denominada **produto esperado**, consiste em um conjunto de atributos e condições que os compradores habitualmente esperam e com os quais concordam quando compram o produto. Em um cosmético ou perfume, esses atributos concentram-se na eficácia; na comodidade, tanto da embalagem quanto do tamanho, manuseio e transporte; e na facilidade de compra.

No quarto nível, os responsáveis comerciais configuram o que se designa **produto aumentado**, aquele que vai além das expectativas dos clientes e que incorpora uma série de benefícios e serviços. É o que distingue a oferta de uma empresa da oferta das concorrentes. Resumidamente, essas qualidades fazem parte do chamado design de produto; esse é o fator mais relevante do produto aumentado e até mesmo do produto em si, mas também é o desenho do frasco ou embalagem, do logotipo e da publicidade.

Essa dimensão é a mais importante por ser a peça-chave na diferenciação com relação aos concorrentes no setor. Supõe-se que um bom design para a embalagem do produto garanta uma grande vantagem competitiva em todos os sentidos.

Finalmente, na quinta e última dimensão, denominada **produto potencial**, estão todos os fatores que possuem um poder factível de atrair e manter clientes, pois essas pessoas confiarão que o produto proporcionará a satisfação a todas as suas necessidades e expectativas futuras. Os consumidores esperam encontrar, além de características físicas do produto, um símbolo de **personalidade** genuína, que os diferenciem do resto da sociedade e que esse produto se renove para se adaptar a seu estilo de vida. O produto é valorizado em função do conjunto de atributos ou características que apresenta e, dessa forma, o consumidor estabelece uma percepção da imagem do produto com relação a seus atributos. Caso a percepção e a realidade não coincidam, o que gera um efeito desfavorável, cabe aos responsáveis pela comunicação comercial da empresa retificar tais aspectos negativos e melhorar os atributos do produto a fim de alcançar a posição competitiva desejada.

Em primeiro lugar, a empresa deve estabelecer estratégias no momento da definição do nome da marca de suas linhas de produtos como medida diferenciadora da concorrência. Entre essas estratégias, pode-se ressaltar: nomes individuais para cada marca; mesma denominação de marca para todos os produtos; denominação das marcas por linhas de produtos; marca designada por meio do nome da empresa, juntamente com o nome individual de cada produto.

Por exemplo, os perfumes da Revlon seguem a estratégia de denominação de marcas individuais, em que cada perfume é designado por uma marca diferente e individual e, dessa forma, ainda que o lançamento de um novo produto seja mais dispendioso, quando um perfume é lançado no mercado e não faz sucesso, o fato não acarreta prejuízo à empresa a que pertence.

Pode-se observar que o nome da empresa é sempre associado ao nome dos perfumes e, algumas vezes, está inserido no nome destes quando há confiança de que se trata de uma estrela da casa (*Eau de Rochas*, *Ô* de Lancôme). Ainda há casas que denominam todos os perfumes com sua marca em virtude de seu reconhecido prestígio (Chanel). Assim, o nome geral da marca ou da empresa outorga legitimidade e confiança ao cliente, principalmente em se tratando de novos produtos.

Uma vez que a empresa tenha decidido a estratégia de marca que será executada em sua linha de produtos, ela deve selecionar o nome que cada produto terá no mercado antes de seu lançamento. Para a escolha do nome definitivo do produto, a empresa pode optar entre o nome de uma pessoa (*Massimo Dutti, Hugo Boss*); de um lugar (*Roma*, de Laura Biagotti; *Paris*, de Yves Saint Laurent); de uma qualidade (*Obsession, Egoïste*); de um estilo de vida (*Classique*, de Jean Paul Gaultier; *Harley Davidson*); ou um nome inventado (*CK One*; *212 Ice*, de Carolina Herrera). Entre as qualidades desejáveis para a designação de marca, as seguintes podem ser citadas: inequívoca, legível, diferenciada, evocativa, sugestiva e audível.

Portanto, o nome de uma marca ou um produto deve ser cuidadosamente escolhido para agregar valor, mantendo ou melhorando o reconhecimento da marca e a percepção de sua qualidade e funcionalidade, bem como outras associações possíveis. Para atingir essa meta, é necessário um investimento contínuo em pesquisa e desenvolvimento; uma boa publicidade; e uma excelente negociação com o consumidor.

Ainda sobre esse tema, além da marca, não se pode esquecer a importância da embalagem do produto. A embalagem é o recipiente, caixa ou invólucro que acompanha o produto em sua apresentação e venda. Em alguns casos, tem grande importância e seu custo pode superar o valor do próprio produto, como ocorre com alguns artigos de higiene pessoal, cosméticos e perfumaria.

Sua função é somente conter, envolver e proteger o produto; entretanto, cada vez mais a embalagem é empregada como instrumento de diferenciação e promoção do produto; para tanto, utilizam-se letras, gravuras e cores que estimulem a aquisição.

O **design da embalagem** é um aspecto cada vez mais importante e deve ser renovado sempre que seus efeitos promocionais diminuírem ou que aparecerem materiais melhores (mais resistentes, leves, práticos ou atraentes).

Muitas empresas utilizam a embalagem para se posicionar e obter vantagem competitiva. É o chamado ***packaging***.

A seguir, o foco deste texto será o *packaging*, a embalagem, dos produtos cosméticos das seguintes áreas:

- Colônias e perfumes.
- Tratamento facial.
- Produtos para barbear.
- Maquiagem.
- Higiene bucal.
- Higiene capilar.
- Géis corporais.

Para cada categoria, algumas embalagens de marcas conhecidas do público em geral serão analisadas. Em alguns casos, diferenciaremos o mercado masculino do feminino por ser aquele um mercado mais recente e emergente, com grande potencial de crescimento.

Colônias e perfumes

No mercado de perfumes, a embalagem é especialmente importante, pois é a primeira coisa a ser observada pelo consumidor. Embora existam "provadores" ou "mostruários" de cada produto, normalmente a capacidade olfativa das pessoas não é tão alta a ponto de distinguir um produto de outro e menos ainda nas perfumarias ou nas seções de cosméticos, onde a mistura de fragrâncias é grande. Por essa razão, as embalagens são, para os consumidores, a propaganda desses produtos, pois, no mínimo, prestam a atenção nelas para depois testar a fragrância. Esse é um dos subsetores onde ocorrem maiores investimentos em *packaging* e marketing de imagem.

A diversidade de formas das embalagens nesse subsetor da perfumaria feminina é imensa. Pode-se distinguir entre uma e outra marca por meio de quase todos os atributos: formas, tamanhos, cores, transparências etc.

Para o mercado feminino, podemos destacar a Lacoste, com seu perfume *Touch of Pink*, que tentou se dirigir ao setor mais jovem da população feminina. Para tanto, utilizou uma embalagem com formas esbeltas e alongadas, combinando a transparência do vidro com o metalizado da parte superior e a bipolaridade de tons rosa intensos na parte superior e inferior. O cor-de-rosa é uma cor jovem, que pode ser associada à beleza, juventude e inocência. Além disso, os vários tons rosa, utilizados em degradê, criam uma sensação de movimento e dinamismo que condiz com a publicidade realizada pela marca nos meios audiovisuais.

Mercado Feminino

O fato de a embalagem ser semitransparente permite que o logo da marca se destaque, tornando-o facilmente reconhecível. É importante que o consumidor reconheça a marca Lacoste, já que essa marca é praticamente nova no mundo da cosmética e os consumidores não têm referência de sua qualidade por meio de produtos anteriores. Portanto, o conhecimento de que esse produto pertence à marca matriz é essencial, pois esta é conhecida por sua qualidade no âmbito têxtil e esportivo.

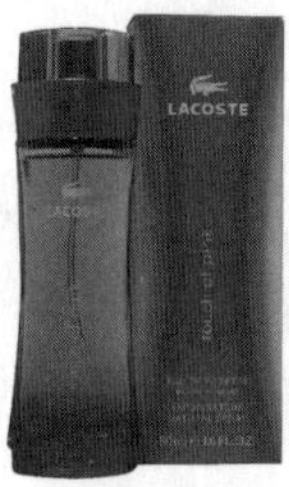

TOUCH OF PINK, LACOSTE

AIRE, LOEWE

AMOR, AMOR, CACHAREL

212, CAROLINA HERRERA

CHANEL Nº 5, CHANEL

O perfume *Aire*, da Loewe, é dirigido para um público com mais de 30 anos. A embalagem é muito mais sóbria que a anterior. Sua forma é mais tradicional, menos chamativa e mais coerente com a tradição da Loewe em perfumes. Já é um produto tradicional da linha da Loewe, conhecido e de alto padrão com relação a preço e qualidade. O frasco possui formas suaves, arredondadas e é transparente, de forma que se veja a cor amarelada do perfume.

Amor, Amor, da Cacharel, possui uma forma diferenciada e uma cor intensa. Destaca-se, primeiro, sua forma curvilínea, porém, maciça e de aparência marcante; provoca uma sensação de força, certamente na intenção de transmitir a intensidade de sua fragrância. A forma do "pescoço" da embalagem também se destaca, com sua cor metalizada, em contraste com o vermelho intenso da embalagem, remetendo sutilmente ao pescoço de uma mulher. Tudo isso culmina com a tampa do vaporizador, que também tem aspecto de vidro transparente. A cor vermelha estabelece um paralelo claro com o sentimento de amor e sua intensidade nos leva a pensar em paixão.

O perfume, *212*, de Carolina Herrera, destaca a forma ovalada de todo o frasco, que é redondo em todos os lados. Tal forma tenta criar uma imagem de plenitude, de *yin-yang* (negativo e positivo), de estabilidade. Parece que tenta estabelecer uma "eqüidade" entre dois pólos, o que condiz com a idéia inicial de se fazer versões unissex do produto. A cor translúcida da parte de vidro da embalagem permite que se observe a cor amarelada do perfume, sóbria e refrescante. As bordas metalizadas reforçam a idéia de sobriedade ao mesmo tempo que dão estilo e ar de modernidade. Esse produto de Carolina Herrera foi concebido para um segmento que procura produtos inovadores, estilizados e originais e, para tanto, fundamenta sua principal fonte de distinção na embalagem.

O clássico *Chanel Nº 5* é um paradigma de elitismo de alto padrão. Neste caso, o que chama a atenção do consumidor não é o frasco, mas o prestígio da marca e do produto em si. Em vidro, reflete majestade e sobriedade em suas linhas retas, seguidas até mesmo pela tampa. Remete aos antigos frascos de perfume e, em sua etiqueta branca com letras pretas, permite que se veja perfeitamente o logo da marca. É dirigido a um público com alto poder aquisitivo e gosto refinado. A sobriedade e a simplicidade de suas linhas o diferenciam do restante.

Mercado Masculino

No mercado masculino, podemos analisar o frasco do perfume *Kenzo pour Homme*. Sua forma original e irregular transmite a sensação de movimento e dinamismo e há continuidade entre o frasco e o vaporizador, pois a tampa dá coerência e força ao design. Ele é apresentado em azul-escuro, cor muito utilizada no segmento masculino. No caso de *Kenzo pour Homme*, trata-se de um azul-escuro não muito intenso, o que dá sobriedade ao produto. De acordo com essas características, podemos concluir que é dirigido ao público de meia-idade, interessado no estilizado e esteticamente atraente.

Na imagem a seguir, destaca-se o perfume *Burberry Brit for Men*, da Burberry, no qual o inconfundível xadrez[1] da marca, nesse caso, em vários tons cinza, está presente na embalagem, no frasco de vidro fumê, incluindo a tampa. Com essência considerada sexy e masculina, o perfume pretende passar o espírito moderno inglês.

1 O famoso xadrez (*Burberry Check*) – branco, preto e vermelho sobre fundo bege – da Burberry, fundada em 1856, é marca registrada desde a década de 1920. Para saber mais sobre a criação do *Burberry Brit for Men* e dos outros perfumes da grife, consulte a página, em inglês, www.burberry.com/Fragrances/BurberryBrit/BritForWomen.aspx, que contém informações como: conceito, frasco e embalagem, fragrância e campanha publicitária. (NE)

BURBERRY BRIT FOR MEN, BURBERRY

HUGO, HUGO BOSS

POLO BLUE, RALPH LAUREN

ALLURE, CHANEL

Hugo, da Hugo Boss, é dirigido a um público jovem, mas disposto a gastar dinheiro em perfumes. Como descrito no Capítulo 2, apresenta uma estética comum: um frasco transparente contendo um líquido azulado e um rótulo visível em vermelho com letras em preto. A tampa é o que mais se destaca, pois se assemelha à de um cantil. É com esse pequeno detalhe que se tenta passar um ar aventureiro e atrevido.

Polo Blue, da Ralph Lauren – marca que se estabeleceu tradicionalmente no mercado têxtil e agora entra na cosmética –, apresenta-se em um frasco azul tão intenso, justamente por esta razão: a fim de chamar a atenção do consumidor. Um azul intenso e uma tampa prateada brilhante jogam com o logotipo muito conhecido da Ralph Lauren. Apesar das cores chamativas, destaca-se a sobriedade das formas arredondadas de uma embalagem tradicional de colônia para homem. Isso talvez se deva ao direcionamento a um setor mais "conservador" ou à intenção de se entrar no mercado chamando a atenção, mas sem correr muitos riscos.

Allure, da Chanel, baseia-se mais no prestígio da marca do que na embalagem para chamar a atenção do consumidor (da mesma forma que no mercado feminino). Esse é o motivo pelo qual as formas da embalagem são sóbrias e retas e a cor é neutra e pouco chamativa. Outra razão é a tentativa de se dirigir a um setor de consumidores mais maduro, que costuma resistir mais a formas e cores modernas, ao contrário dos consumidores dos produtos anteriores. Apenas um detalhe na tampa, um escurecimento sutil na cor, distingue a linha masculina da feminina.

✷ *Cremes hidratantes*

Mercado Feminino

CAPTURE,
DIOR

AQUA FUSION,
LANCÔME

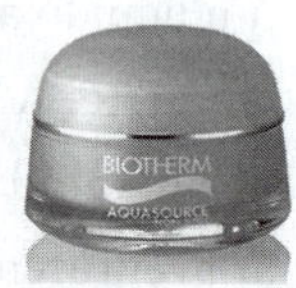

ACQUA SOURCE NON STOP,
BIOTHERM

No mercado dos cremes hidratantes, as embalagens possuem formas mais homogêneas. Talvez seja a forma de uso desse produto – normalmente os dedos são introduzidos no pote – que torne esse tipo de embalagem mais recomendável. O material costuma ser o vidro, ainda que também existam embalagens de plástico. Entretanto, algumas distinções podem ser feitas baseando-se principalmente nas cores e formas.

Na maior parte das embalagens, destaca-se o branco, como componente essencial, como base ou como complemento. A cor branca transmite pureza, simplicidade, claridade, sensação de paz etc.

Todas essas sensações são procuradas pelas consumidoras desses produtos. Na embalagem do *Capture*, da Dior, utiliza-se cor-de-rosa na tampa, que possui as bordas douradas, dando assim um toque de elegância.

Um azul translúcido é utilizado na embalagem do *Aqua Fusion*, da Lancôme, para reafirmar a idéia de "água" que há no nome do produto. Os tons são variados: azul-marinho na base, azul-turquesa nas letras etc. Nesse tipo de produto, o azul dá uma sensação de frescor, leveza e reafirma a idéia de hidratação que todos esses produtos possuem.

O verde, que pode ser visto na embalagem do *Acqua Source Non Stop*, da Biotherm, remete a produtos naturais, puros e relaxantes. Por não ser muito intenso, também passa a sensação de suavidade e leveza.

Nesses exemplos, os produtos são apresentados aos consumidores como uma opção de saúde e de cuidado facial.

Mercado Masculino

O cuidado facial masculino, além dos produtos pós-barba, evoluiu muito, passando da quase inexistência para o surgimento de linhas e marcas especializadas. Da mesma forma, muitas marcas já instaladas no setor feminino também lançaram linhas para os homens. A embalagem desses produtos costuma possuir a mesma forma e o material empregado é o mesmo: o plástico. Destaca-se a comodidade do uso.

HYDRA DETOX HOMME,
BIOTHERM

MEN EXPERT,
L'ORÉAL

BAUME HYDRATANT,
CLARINS MEN

SOIN HYDRATANT RESOURCE,
LANCÔME HOMME

M. LOTION,
CLINIQUE

As cores são tradicionalmente escuras, acinzentadas, preto-azuladas. Essas cores são comumente associadas à masculinidade. Existem várias marcas ou linhas de produtos dedicadas ao cuidado facial masculino. A Biotherm é uma das mais antigas, e seus produtos para homens sempre foram acinzentados, uniformes e muito sóbrios.

A Clinique também possui embalagem escura, de plástico maleável. A Lancôme já utiliza uma tonalidade mais clara, mas não chamativa, de forma a se manter nessa linha de cores discretas.

Em geral, esses produtos não são diferenciados, pois tenta-se passar a impressão de que são apenas mais um produto de higiene. Esse fato pode ser decorrente da timidez tradicional dos homens quanto a esse tema. Entretanto, tal tendência está mudando, e as linhas mais recentes, como a da Clarins ou a *Men Expert*, da L'Oréal, estão utilizando cores mais chamativas e outros formatos nas embalagens. O conteúdo do produto e suas propriedades são claramente destacados e indica-se o público ao qual está dirigido.

Nesse campo, portanto, observa-se uma evolução que se refere tanto à geração de novos produtos para os homens (anti-rugas, antiolheiras e até mesmo maquiagens) como à estética utilizada nas embalagens que os comercializam.

✷ *Espumas para barbear*

As embalagens de espumas para barbear, em geral, correspondem às necessidades que o produto apresenta. Por sua natureza e pelo modo de usar, sua embalagem é metálica, cilíndrica, e a válvula, na parte superior, é protegida por uma tampa de plástico, que é, em alguns casos, transparente e, em outros, colorida de acordo com as cores da marca.

A diferença entre as espumas para barbear, por exemplo, da Gillette[2], é que há um produto para peles normais e outro para peles sensíveis. Em ambos os casos, o azul é utilizado, característico da marca e recorrente em produtos de higiene. O azul inspira sensação de limpeza, higiene e, além disso, nesse caso, combinado

2 A Gillette foi adquirida pela Procter & Gamble em janeiro de 2005. Atualmente, a P&G comercializa 300 marcas em mais de 160 países. *Fonte*: www.procter.com.br (NE)

com o preto, demonstra-se um tom viril. Cabe destacar que as tonalidades são mais suaves no produto para peles sensíveis, sendo o preto substituído pelo cinza metalizado a fim de dar a idéia de um produto que agrida menos e proteja mais a pele.

GILLETTE

GILLETTE, PELES SENSÍVEIS

Podemos citar outros exemplos de embalagens utilizadas em espumas para barbear, como a marca La Toja, vendida no mercado espanhol, que utiliza uma embalagem tradicional, ressaltando suas cores típicas da marca (berinjela e bege), empregadas na maioria de seus produtos. Em algumas campanhas, utiliza-se o apelo de 50% de produto a mais, escrito na parte superior do cilindro, como ocorre na maioria dos produtos (a fim de se reafirmar a quantidade extra oferecida ao consumidor).

A Biotherm Homme pertence ao grupo de alto padrão em cosméticos masculinos. A embalagem utilizada é como a maioria das espumas para barbear, mas este diferencia-se pela apresentação mais luxuosa, graças as cores metalizadas e ao maior cuidado com a combinação dos elementos gráficos.

✷ *Géis de banho*

Essa categoria é caracterizada por embalagens grandes e plásticas, com design simples. Há ampla variedade de estilos, de acordo com o preço, com o público ao qual se dirige etc.

Há embalagens mais básicas, grandes e retangulares, com cores típicas dos produtos de higiene, como o branco, que representa limpeza, e o azul, que simboliza frescor ou tom de mar, ou predominam cores da natureza que fazem referência ao trigo e à aveia, ingredientes característicos do produto. Os produtos da Dove são classificados como intermediários entre os produtos mais baratos e os mais caros. As cores próprias dos produtos de higiene, como o branco e o azul, são utilizadas, mas o produto se caracteriza por um tamanho menor que os anteriores. O tamanho reduzido cria, no consumidor, uma imagem de maior qualidade, exclusividade e também permite que essa embalagem, leve, seja transportada em viagens, necessidade que não era suprida no mercado até seu surgimento.

As características da linha *Colorterapia*, de Agatha Ruiz de la Prada (citada nas páginas 19 a 21), condicionam a embalagem transparente, pois a visualização da cor do produto é fundamental. Destacam-se as cores, que transmitem uma idéia despojada, relaxante, alegre etc.

A Massimo Dutti utiliza o preto a fim de passar uma imagem de luxo e sobriedade, combinando com o estilo do mercado-alvo. O prestígio permite que se prescinda dos elementos característicos dos produtos de higiene, claramente observados nas embalagens mais populares.

DOVE — COLORTERAPIA, AGATHA RUIZ DE LA PRADA — MASSIMO DUTTI

✷ *Higiene capilar*

Shampoos

As embalagens de shampoos possuem informações comuns; tamanho médio; cores claras, com predomínio do branco; tampa plástica dosadora etc., mas cada marca costuma diferenciar as especificidades de seus shampoos (cabelos oleosos, secos, tingidos; de uso freqüente) por meio de cores distintas. As imagens a seguir correspondem a embalagens de shampoos de uso freqüente para cabelos normais.

PALMOLIVE — PANTENE PRO-V — ELSÈVE, L'ORÉAL — FRUCTIS, GARNIER

Os três primeiros são muito semelhantes. Destaca-se o espaço reservado para o nome da marca, que determina a compra e o preço. A embalagem serve de fonte de informação e propaganda; por exemplo, na embalagem do *Elsève*, da L'Oréal, utiliza-se uma linguagem pseudocientífica a fim de convencer o consumidor das propriedades inigualáveis do produto.

Fructis, da Garnier, escolheu a cor verde para sua embalagem, pois é a cor corporativa, a fim de que o consumidor reconheça a marca e a associe à força e vitalidade. Na embalagem, destacam-se os três conceitos da casa: Garnier (a empresa), Fructis (a linha) e fortificante (a principal qualidade).

Géis

A maioria das embalagens, em geral, possui o mesmo formato. Destacam-se as cores atrevidas; a marca em letras grandes; a tampa na parte inferior, para que o produto seja extraído mais facilmente; e o plástico maleável, para tornar o uso mais cômodo.

Os preços e qualidades distintos dos géis não repercutem de forma observável nas embalagens, pois, independentemente da marca, todas são muito semelhantes. A diferença fundamental encontra-se no próprio produto e em sua marca.

A Wella – marca pertencente à P&G – possui uma embalagem com formato mais original. Tenta produzir uma embalagem diferente para que o consumidor distinga claramente o gel da Wella. No entanto, com essa embalagem peculiar, corre o risco de que o consumidor que esteja procurando gel não a associe ao produto, perdendo-se, dessa forma, oportunidades de venda, principalmente para consumidores menos observadores.

Máscaras

As máscaras capilares são produtos relativamente novos no mercado da higiene e cuidado com os cabelos. Fundamentalmente, há os dois tipos de embalagens, a mais tradicional é a da Elvive (*Elsève*), da L'Oréal. Trata-se de uma embalagem praticamente idêntica à dos géis: plástico maleável; tampa na parte inferior para facilitar o uso do produto, devido a sua viscosidade; e marca na parte superior da embalagem.

FRUCTIS, GARNIER

PANTENE PRO-V

ELVIVE

Atualmente, há uma tendência à utilização de embalagens com plástico mais duro (PET) e tampa de rosca, e o produto, nesse caso, é retirado com o auxílio das mãos. A embalagem é semelhante àquelas dos cremes de rosto hidratantes, já analisadas, salvo as diferenças com relação ao tamanho ou material (plástico, no caso das máscaras capilares, e vidro, no caso dos produtos faciais). Esse tipo de embalagem é utilizado pela Garnier (*Fructis*) e Pantene Pro-V.

Assim como outros produtos de higiene capilar, utiliza-se o mesmo formato de embalagem, mas cada marca tenta diferenciar seu produto por meio de outros elementos: cores corporativas (*Fructis*, verde intenso) e colocação da marca e de seu logotipo em um lugar facilmente visível (Pantene Pro-V).

- *Maquiagem*

Apesar das grandes diferenças de preços existentes entre as distintas marcas de maquiagem, as embalagens são muito semelhantes. Pode-se observar que elas são de vidro transparente, de tamanho pequeno e possuem tampa dosadora, muito importante para controlar a quantidade.

As embalagens da Biotherm e da Clinique transmitem idéias semelhantes: certa categoria associada a uma estética quase medicinal; palavras em branco; tampa prateada; vidro mate etc.; já a da Max Factor refere-se a uma marca que investe muito em publicidade. A embalagem é bastante elaborada, utilizando diversos tons (preto, branco e prateado) a fim de transmitir uma imagem de profissionalismo e destacar a principal qualidade do produto: a adaptabilidade a tonalidades de pele distintas.

A Chanel enquadra-se em alto padrão, sendo associada ao luxo e à qualidade. A embalagem possui as mesmas características que as três maquiagens analisadas; entretanto, utiliza-se muito mais da cor preta, comum aos produtos de grande prestígio. Além disso, essa cor escura permite que o logotipo seja mais ressaltado, tornando a marca inconfundível.

Há também as marcas que trabalham com produtos mais baratos, podendo ser encontradas em supermercados, drogarias, lojas de departamento etc. Essa economia é obtida por meio da embalagem de plástico.

BIOTHERM | CLINIQUE | MAX FACTOR | CHANEL

* *Higiene bucal*

Os cremes dentais apresentam fundamentalmente dois tipos de embalagem. O mais clássico é composto por um tubo, geralmente de plástico maleável, e de uma tampa, também de plástico, que se rosqueia ao tubo. Normalmente, esse produto vem em uma caixa de papelão, onde está o nome da marca. Devido às necessidades próprias desse tipo de embalagem alongada, a marca situa-se ao longo do tubo e também pode ser lida na lateral da caixa.

Nos últimos anos, surgiu um novo tipo de creme dental com textura de gel, para o qual se criou um novo recipiente. Pode-se observar essa mudança na segunda: a Licor de Polo apresenta uma embalagem transparente, permitindo que a atraente cor do gel seja vista e evitando os incômodos do tubo tradicional.

Na última, deparamo-nos com uma solução para depois da escovação. Sua embalagem é de plástico transparente, permitindo que a cor intensa da solução seja vista, e possui uma tampa de plástico. Nesse caso, trata-se de um anti-séptico bucal da Colgate.

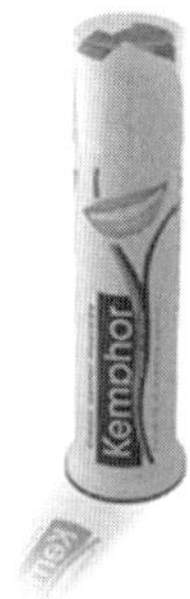

Atualmente, há muita ciência nos cosméticos. Em outros tempos, os consumidores não se preocupavam em conhecer a fórmula do produto que utilizavam. Outros componentes periféricos eram mais importantes como a marca, a apresentação do produto, sua textura. Essa tendência mudou e, atualmente, a linha divisória entre a função cosmética, higiênica e farmacêutica de muitos produtos disponíveis no mercado é difícil de ser identificada, especialmente do ponto de vista da dermatologia. A indústria cosmética, ou melhor, a indústria da cosmética, da perfumaria e do cuidado pessoal apresenta-se como um conglomerado multidisciplinar, no qual convergem critérios estéticos e sanitários.

As fórmulas são minuciosamente expostas e devem ser detalhadas de acordo com a lei quando incorporam substâncias químicas, quer sejam sintéticas ou biológicas, que podem originar diversas reações positivas ou eventualmente negativas. As administrações têm assumido a responsabilidade de controlar, de forma rigorosa, a composição das fórmulas cosméticas.

A denominação "cosmético" ganhou inúmeras conotações positivas com o passar do tempo: são produtos que não fazem mal. É por causa desse caráter fundamentalmente inócuo que os produtos naturais sempre foram muito populares. Tal conceito, entretanto, mudou de forma drástica: agora, espera-se que os cosméticos "façam algo". Atualmente, exige-se que possuam uma legitimidade responsável em termos de eficácia, segurança, respeito ao meio ambiente e legalidade. O consumidor de cosméticos demanda produtos únicos, de alta qualidade, seguros, com promessas de inúmeras capacidades e a preços razoáveis. Na última década, houve uma explosão sem precedentes de produtos de alta tecnologia, que ajudou a estimular o fluxo contínuo de produtos inovadores, revolucionando a indústria cosmética.

Na dúvida se as campanhas publicitárias são verdadeiras ou falsas, compramos sem saber o que está sendo vendido. As pessoas pensam que a falta de entendimento com relação ao que é dito sobre um produto em um anúncio significa que esse deve ser bom.

Proclamam-se conceitos inexistentes: creme anticelulite com "moléculas que devoram a gordura" ou o creme anti-rugas com "silício reestruturante". Também existem anúncios com afirmações incorretas – um creme com "moléculas inteligentes" – e comparações incompletas: "proporciona uma ação revitalizante e antienvelhecimento quatro vezes mais forte". O que não falta são argumentos enganosos: "sua rica fórmula, com 94,8% de princípios ativos, corrige as imperfeições". Uma pesquisa revelou que uma concentração maior desses princípios não garante melhor eficácia.

A Stanpa, associação espanhola de perfumaria e cosmética, não compartilha da mesma opinião. De acordo com essa associação, para se transmitir uma mensagem de forma clara e breve, longas explicações não devem ser dadas, pois a audiência se aborrece. O uso de metáforas é compreendido e valorizado pelo consumidor. Por isso, a Stanpa não concorda com a desqualificação do consumidor, pois este é capaz de entender o que se diz ou discernir o verdadeiro do falso.

A maioria dos produtos cosméticos inclui os principais componentes de suas fórmulas em um prospecto no interior ou na própria embalagem. Ler essas informações é muito importante para saber se o produto escolhido é adequado às necessidades. Da mesma forma, é importante saber quais são e de que modo agem os ingredientes mais utilizados no mundo da cosmética.

4.2 COSMÉTICA E PREÇO

Em primeiro lugar, é importante destacar o papel do fator preço no comportamento do consumidor com relação às políticas de marketing.

O preço é o valor de troca dos produtos. No entanto, esse valor pode ser afetado por algumas variáveis psicológicas, que determinam o preço que o consumidor está disposto a pagar, muitas vezes diferente do estabelecido em função dos custos de produção.

Em alguns casos, o preço pode ser a única característica visível do produto. Geralmente, considera-se que produtos mais caros têm mais qualidade que outros semelhantes, com preço inferior. No caso dos produtos que são utilizados como símbolo de status, se há uma redução em seus preços para que se tornem mais acessíveis, pode haver perda de valor e aceitação, devido ao motivo para o qual foram desenvolvidos.

Existem táticas de marketing, como o preço muito utilizado de "1,99" e ofertas do tipo "Leve 2, Pague 1". No primeiro caso, o valor leva o consumidor a pensar que o preço nem sequer chega a um real, quando, na verdade, a diferença é mínima, praticamente inexistente, e o consumidor sente-se mais atraído pelo preço do que se este fosse "R$ 1". No caso das ofertas do tipo "Leve 2, Pague 1", o consumidor também percebe que o produto sairá muito mais barato e, dessa forma, os vendedores dos produtos fazem que seus clientes levem dois produtos, quando só precisam de um.

O setor no qual estamos trabalhando inclui colônias e perfumes, produtos para o cuidado da pele e do cabelo, desodorantes, produtos para barbear, maquiagens, filtros solares etc.

Entre esses produtos, pode-se estabelecer uma distinção, referente a preços, entre os de alto padrão e os de médio e baixo padrão. Tal divisão é proposta a fim de se observar as formas de divulgação desses diferentes produtos.

Os produtos desse setor que pertencem a um alto padrão são produtos cujos preços são elevados e, em muitos casos, a confiança do consumidor advém da marca. Quando esse é o caso, as informações que o consumidor necessita são dadas pela própria marca, e a informação sobre o preço é omitida, pois os fatores que levam o consumidor a comprar o produto são outros, como a qualidade. Por causa disso, nos anúncios desses produtos, é dada maior importância às características e aos componentes do produto do que ao preço, já que aqueles fatores dão segurança quanto à qualidade do produto. O preço não costuma aparecer nas campanhas de TV e de revista.

Quando se trata de produtos de padrão mais baixo, cujos preços não são tão elevados, o preço faz parte da informação requerida pelos consumidores, na hora de escolher entre vários produtos com características semelhantes. Esse é o caso, por exemplo, de produtos como shampoos e cremes dentais. Nos anúncios desse tipo de produto, o preço aparece de forma visível, como uma característica diferencial.

Dentro do tema do preço, os seguintes aspectos, tão presentes nesse setor, não podem ser esquecidos:

a) ofertas;
b) liquidações; e
c) promoções.

a) Ofertas

Os descontos aleatórios ou ofertas consistem em uma redução do preço por tempo e em lugar determinados, sem prévio conhecimento do consumidor. Sua finalidade é atrair novos clientes. São consideradas ofertas: descontos diretos nos preços; fornecimento de quantidades adicionais pelo mesmo preço; entrega de uma unidade adicional, ofertas do tipo "Leve 2, Pague 1"; cupons; vales-desconto etc.

Algumas lojas proporcionam a seus clientes ofertas especiais por meio de cupons de desconto. Outras marcas incluem em seus pacotes unidades adicionais, mantendo o mesmo preço. Outro tipo de oferta que pode ser encontrado principalmente nos grandes hipermercados é o "Leve 3, Pague 2".

Outras marcas também utilizam a promoção de "Leve 2, Pague 1", mas, para que possa usufruir dessa oferta, o consumidor deve apresentar um cartão de fidelização. Esse tipo de cartão é feito na hora, no próprio estabelecimento que não costuma cobrar nada do cliente.

b) Liquidações

São descontos periódicos, conhecidos antecipadamente pelo consumidor, e praticamente habituais em lojas de roupas e de departamento. Sua finalidade é atrair clientes com necessidades distintas.

No setor de cuidado pessoal, as liquidações não são tão freqüentes quanto em outros setores, como o têxtil, que possuem períodos de liquidações estabelecidos tradicionalmente.

c) Promoções

Esse termo refere-se aos gastos publicitários para promover diferentes produtos, estejam ou não em oferta ou liquidação, como produtos que acompanham brindes ou que proporcionam alguma vantagem ao ser adquirido.

Há inúmeros exemplos de marcas que oferecem esse tipo de promoção, tanto as que presenteiam o cliente com produtos complementares ao adquirido quanto as que o presenteiam com produtos distintos, como um guarda-chuva, que vem com aparelhos de barbear etc.

Outro tipo de promoção consiste em organizar concursos, nos quais o prêmio é um kit de produtos. Normalmente, para participar, basta preencher um questionário simples sobre os hábitos de compra ou outro tema.

4.3 COSMÉTICA E DISTRIBUIÇÃO

A distribuição é o instrumento do marketing que relaciona a produção ao consumo. Sua missão é colocar o produto à disposição do consumidor final na quantidade que esse necessita, no momento em que necessita e no lugar onde irá adquiri-lo (utilidade de tempo, lugar e posse). Além disso, da perspectiva do marketing, a distribuição também consiste em executar uma série de atividades de informação, promoção e apresentação do produto, no ponto-de-venda, a fim de estimular sua aquisição.

Há muitas maneiras de distribuir um produto. A principal diferença observada entre os diferentes canais de distribuição corresponde ao número de intermediários pelos quais o produto passa. Se o número de intermediários é elevado, trata-se de um **canal longo**. Um **canal curto** é o que possui um número de intermediários reduzido. O caso extremo é o **canal direto**, em que não há intermediários entre o produtor e o consumidor.

O canal longo, em que, no mínimo, intervêm o fabricante, o atacadista, o varejista e o consumidor, é o mais comum em grande parte dos produtos de consumo, especialmente os de compra freqüente, como alguns produtos de drogaria. O canal direto, sem intermediários, não é o mais corrente entre os produtos de consumo, ainda que a Avon utilize esse canal de distribuição para seus produtos cosméticos. A expansão crescente da internet e do comércio eletrônico está facilitando uma utilização maior do canal direto.

Há três sistemas de distribuição: intensiva, seletiva e exclusiva.

Se a estratégia de **distribuição intensiva** é seguida, pretende-se que o produto esteja em todos os pontos-de-venda possíveis. Por meio dessa estratégia, a empresa almeja impulsionar as vendas, criando pontos-de-venda próximos ao consumidor. Esse sistema é próprio dos produtos de compra corrente e de baixa implicação; presentes em estabelecimentos como self-services, supermercados e hipermercados. Como exemplos, temos o Carrefour, Lojas Americanas, entre outros. No Carrefour é possível encontrar ampla variedade de produtos, em seções diferentes, separadas por corredores que permitem uma distinção clara. Em cada corredor são expostos ao público diferentes tipos de produtos. Com relação aos artigos de perfumaria e cosmética, no caso do Carrefour, os produtos não são dispostos paralelamente, de forma que a área de exposição se amplie.

Na **distribuição seletiva**, os melhores pontos-de-venda são selecionados em cada região. Por meio dessa estratégia, os produtos são diferenciados, pois são somente encontrados em lugares selecionados, o que implica o cumprimento de alguns quesitos por parte do distribuidor. Esse sistema costuma ser aplicado a produtos de compra premeditada e não muito freqüente, como é o caso dos perfumes. Alguns fatores determinantes são: a preferência, as necessidades e os recursos do consumidor, que alteram as demandas das lojas.

A estratégia de **distribuição exclusiva** é a forma extrema da distribuição seletiva. Em determinado território, somente um distribuidor recebe o direito exclusivo de vender uma marca, comprometendo-se a não vender marcas concorrentes. Isso ocorre com produtos que requerem do distribuidor um esforço elevado de vendas. Esse é o caso de franquias como O Boticário, Lush, Mac etc.

Como já foi visto, os produtos de higiene pessoal, perfumaria e cosmético aproveitam-se de todos os canais de comercialização para a distribuição de seus produtos: hipermercados, drogarias, farmácias, salões de beleza e, até mesmo, porta a porta. A distribuição desse tipo de produto exige rapidez, flexibilidade, boa apresentação e personalização. A seguir, alguns exemplos de marcas e empresas conhecidas do setor de drogaria e perfumaria serão analisados.

a) Distribuição dos cosméticos da Procter & Gamble

A P&G, uma das maiores multinacionais, dentre sua variedade de produtos, oferece os artigos de beleza e cosmética. Nessa categoria, algumas das marcas que distribui são: Hugo Boss, Lacoste, Giorgio Beverly Hills, Max Factor, Olay, Pantene, Tampax etc.

A produção da P&G não está centralizada em somente um país; por exemplo, na Espanha, há apenas uma fábrica, em Mataró.[3] Todos os produtos de beleza e cosmética são importados de outros países da União Européia, mais precisamente, as colônias[4] são importadas da Alemanha, e os cosméticos, da Inglaterra. As mercadorias vindas da Alemanha e da Inglaterra são transportadas em caminhões e estocadas

3 No Brasil, após o processo de integração entre as filiais brasileiras da P&G e da Gillette finalizado em outubro de 2006, a P&G passou a ter quatro fábricas, duas no Estado de São Paulo: Louveira e Anchieta, uma em Salvador-BA e uma em Manaus-AM. *Fonte*: www.procter.com.br/pg/integracao_gillette.html. Para saber mais sobre essa fusão no Brasil, veja Joaquim Castanheira, *A lâmina afiada da Procter*, em www.terra.com.br/istoedinheiro/481/negocios/a_lamina_afiada_da_procter.htm. (NE)

4 Em março de 2005, com o slogan "Perfuma o corpo e lava a alma" – que, de acordo com a crença popular, a lavanda serve para proteger a alma –, a P&G difundiu uma campanha em Salvador-BA, Recife-PE e Fortaleza-CE para fortalecer a marca Seiva de Alfazema. O objetivo da campanha foi ressaltar que *Seiva de Alfazema*, há mais de 60 anos no mercado, é a original e seu uso faz parte da tradição na Região Nordeste, a qual é responsável por 65% do consumo da colônia. No verão, o consumo chega a subir 30%. *Fonte*: www.procter.com.br/pg/news/press_releases/cuidados_beleza/050301.html. (NE)

em depósitos pertencentes à P&G, em Madri. Uma vez armazenados, os produtos podem ser distribuídos a três lugares diferentes:

1) *Aos grandes clientes*: a P&G leva os produtos em caminhões até seus respectivos depósitos ou plataformas de distribuição.

2) *Distribuição exclusiva*: a P&G distribui suas colônias e cosméticos a pequenas perfumarias, mas não permite que estas vendam seu produto a qualquer estabelecimento. É uma questão de prestígio. Ao encontrar as colônias e os cosméticos da P&G nos melhores estabelecimentos, os clientes relacionam a marca a um produto de alta qualidade, o que significa benefícios futuros.

3) *Atacadista*: somente nas Ilhas Canárias ocorre a distribuição por meio de atacadistas; no restante da Espanha, não há mais atacadistas, em virtude da marca preferir controlar tudo, até mesmo a estrutura interna das empresas.

b) The Colomer Group

The Colomer Group, um dos líderes mundiais no setor de beleza, conta com sedes centrais em Barcelona e nos Estados Unidos, 18 filiais distribuídas pelo mundo e extensa rede de distribuidores, situadas em mais de cem países. Seus produtos são comercializados por filiais ou por distribuidores. O objetivo é continuar crescendo e, para tanto, seleciona as empresas com mais experiência e prestígio no mundo a fim de desenvolver suas linhas de produtos em países que não possuam filiais. Centrando-se no mercado europeu, a The

Colomer Group possui filiais em dez cidades: Oviedo e Barcelona, na Espanha, são seus principais distribuidores.

A filial de Oviedo, a Intercosmo Espanha, foi fundada em 1975, e, em 1988, uniu-se à Revlon Professional e, posteriormente, ao The Colomer Group. Na Espanha, hoje, é uma peça fundamental na distribuição de produtos profissionais para o cabelo. Distribui as marcas Voilà, Eco, Hair Base, Artistic World e Surgiva. A filial de Barcelona (Colomer Beauty and Professional Products) é a sede central. É líder mundial em produtos capilares por meio de enorme rede de distribuição, que inclui as marcas Floïd, Lanofil, Geniol, Natural Honey, Llongueras, Natural Wonder, Revlon Professional, American Grew e Modern Organic Products.

Por fim,o The Colomer Group[5] distribui seus produtos por meio de dois canais: as filiais e os distribuidores independentes naqueles países onde não possui representação.

c) L'Oréal

A inovação da L'Oréal está presente por meio dos grandes canais de distribuição. Os consumidores têm acesso às singulares marcas líderes da L'Oréal nos principais centros comerciais.

As divisões com as quais a L'Oréal conta são: grande público, produtos profissionais, cosmética ativa e produtos de luxo.

5 Para saber mais sobre as marcas e os produtos, visite o site, em inglês ou em espanhol, da empresa The Colomer Group, www.thecolomergroup.com. (NE)

- *Grande público*

  Produtos de perfumaria e cosmética, que contam com estratégia global aliada ao conhecimento local, geridos por meio de lojas de departamentos exclusivas, supermercados, farmácias e shopping centers. As marcas dessa divisão são: L'Oréal Paris, Garnier e Colorama Maybelline New York.

- *Produtos profissionais*

  As marcas que incluem essa divisão no Brasil são L'Oréal Professionnel, Redken e Kérastase. São produtos de coloração, tratamento capilar e *styling* para uso profissional, mas, alguns, como os de tratamento e *styling* também podem ser adquiridos pelo consumidor final no próprio salão de beleza.

- *Cosmética ativa*

  São produtos classificados como dermocosméticos[6], distribuídos em farmácias exclusivas. As marcas comercializadas no Brasil são Vichy e La Roche-Posay.

- *Produtos de luxo*

  Essa divisão agrupa marcas de prestígio, sofisticação e qualidade à inovação tecnológica. A distribuição é feita de forma seletiva, os produtos estão presentes em perfumarias exclusivas ou em estandes da marca nas grandes lojas. Sua venda costuma ser assessorada por especialistas, motivo pelo qual também se classifica como venda direta. As marcas dessa divisão são:

6 Produtos, em geral, recomendados pelos dermatologistas, associam a força e a eficácia de medicamentos a sensação e textura dos cosméticos. Os dermocosméticos são resultantes de estudos científicos e têm o suporte dos laboratórios. (NE)

Lancôme, Helena Rubinstein, Biotherm, Cacharel, Giorgio Armani, Guy Laroche, Ralph Lauren e Paloma Picasso.

O objetivo da L'Oréal é simplificar os fluxos operacionais, manipulando o menos possível os produtos e as informações para reduzir tempo e falhas, ou seja, combinar marketing e logística.

d) Perfumes Loewe

A Perfumes Loewe iniciou suas atividades em 1972, com o lançamento da fragrância L de Loewe que, a princípio, era distribuída somente para as lojas da marca e como complemento a outros produtos. A Perfumes Loewe S.A., como é hoje, foi constituída no final de 1989. Desde 1996, a empresa pertence ao grupo internacional LVHM, de Produtos de Luxo (Louis Vuitton Möet Hennessy).

Atualmente, na Espanha, a Loewe é líder em perfumaria seletiva e ocupa, como marca de perfumes, o primeiro lugar no ranking de marcas de fragrâncias. Os canais de distribuição dos produtos da Perfumes Loewe na Espanha são principalmente as perfumarias, as lojas autorizadas, a rede de lojas El Corte Inglés e, evidentemente, as lojas Loewe, distribuídas em todo o território espanhol. Internacionalmente, seus principais clientes também são as perfumarias e, em alguns países, as grandes lojas.

A distribuição dos perfumes Loewe é semelhante à da maioria das fragrâncias de outras empresas. É um sistema de distribuição departamental, em que o consumidor pode adquirir o produto não só nas lojas da marca, mas também em grandes lojas de rede, desde que possuam certo prestígio, já que um perfume Christian Dior jamais será encontrado no Carrefour.

e) Franquias

A história da empresa The Body Shop é a de uma loja que se tornou uma empresa global. Em 1976, Anita Roddick, fundadora, abriu uma pequena loja de produtos cosméticos em Brighton (litoral sul da Inglaterra). Naquela loja, havia somente 20 produtos diferentes; hoje, há mais de dois mil produtos, que são comercializados em mais de duas mil lojas, em 49 países.

Em 1986, a empresa iniciou sua rápida expansão pela Espanha, graças a um sistema de franquias, que é a fórmula de distribuição mais dinâmica e promissora comercialmente da atualidade.

Essa forma de distribuição é um sistema de comercialização de produtos baseado em uma colaboração estreita e contínua entre pessoas físicas financeiramente independentes. O franqueador outorga (de acordo com seus conceitos e critérios) ao franqueado o direito de explorar sua idéia de negócio em troca de uma contraprestação econômica.

No caso das lojas de maquiagem, como Mac, vende-se apenas uma marca e geralmente há maquiadores profissionais que podem ajudar a selecionar cores e maquiar o cliente sem que este seja obrigado a comprar o produto. Há a vantagem de poder testar tudo e a ajuda profissional é muito importante na hora de se escolher cores que caiam bem e se ajustem ao estilo pessoal de cada cliente. Os preços são moderados e existe grande variedade de cores e texturas.

f) E-Commerce

A distribuição de produtos pela internet intensificou-se muito nos últimos anos, embora ainda não chegue ao número de transações produzidas nos comércios tradicionais. É um tipo de comércio virtual, mas a troca de bens é real. A logística é fundamental na hora de avaliar o sucesso da transação. Esse tipo de canal de distribuição gera a possibilidade de responder a diferentes clientes, executando, portanto, diferentes tipos de transação. No caso do setor de perfumaria e drogaria, as negociações entre varejistas e consumidor final têm maior importância, pois não é muito comum que atacadistas utilizem esse tipo de distribuição.

O comércio eletrônico possui vários inconvenientes: nem todas as casas têm acesso à internet e os consumidores normalmente preferem os meios tradicionais para comprar um perfume ou qualquer outro produto de higiene e cuidado pessoal. Principalmente no caso dos perfumes, as pessoas preferem ir à loja e pedir dicas aos consultores, e levar o produto na hora da aquisição.

As principais vantagens de se comprar pela internet são: a comodidade, pois, escolhe-se o produto de casa; e há os descontos, já que os preços são os mais baixos do mercado, o que pode ser atraente quando se adquire um perfume de marca.

g) Avon (venda direta)

A Avon é um claro exemplo de venda direta. A empresa, líder em venda de cosméticos, oferece ao cliente um serviço personalizado, em sua própria casa. Uma consultora local pode mostrar os produtos aos clientes e tirar suas dúvidas antes que comprem os produtos, além de apresentar todas as novidades e ofertas. Se o consumidor compra algum produto, a consultora o leva em sua casa sem nenhum encargo e, se o consumidor não fica satisfeito, pode devolvê-lo sem nenhum compromisso.

A seguir, um caso de distribuição e o mercado de shampoos na Espanha.

Caso: DISTRIBUIÇÃO E O MERCADO DOS SHAMPOOS

Nos últimos anos, a venda de shampoos em drogarias e perfumarias espanholas caiu de forma notável (10,9%), dando lugar à distribuição moderna e ao self-service, que concentra mais de 89% da comercialização total. A maior porcentagem participativa se dá nos hipermercados, que ganharam pontos em 1998, chegando a 43,2%. Apesar disso, eles parecem ter chegado ao nível máximo em termos de crescimento em metros quadrados e vendas atualmente.

Por outro lado, os supermercados de médio porte estão ganhando terreno graças à importância recente da "proximidade das lojas". A seguir, serão analisados os fatores que tornaram possível essa mudança no consumo, em cada ponto-de-venda.

1. Supermercados e hipermercados

Nesses dois tipos de estabelecimento, preza-se pela concepção de self-service, apesar de haver diferenças notáveis entre ambos. A política desses lugares é baseada na venda do produto por si só, no caso dos shampoos.

Embora os hipermercados sejam líderes indiscutíveis na distribuição de produtos do segmento de drogaria, principalmente em se tratando de detergentes, amaciantes, produtos de limpeza etc., no caso de produtos de higiene pessoal e de perfumaria-cosmética, esse tipo de estabelecimento tem dividido as vendas, em porcentagens iguais, com as áreas de médio porte do centro das cidades – supermercados – e com as lojas. Isso ocorre por diversos fatores:

1. O shampoo não é um produto cujo motivo da compra é um impulso.
2. Os consumidores tendem a exigir uma atenção personalizada.
3. A mentalidade latina exige instintivamente uma assessoria em produtos desse segmento, não oferecida pelos grandes magazines.
4. O mito dos preços baixos dos grandes magazines caiu por terra. É certo que oferecem preços com os quais não é possível competir, mas isso somente ocorre em 25% dos produtos.
5. A marca própria desse tipo de loja abocanha um mercado importante na distribuição desse segmento de produto ainda que a preocupação com a marca possa trazer consigo uma grande variação nas vendas.

É por isso que a experiência dos hipermercados está sendo utilizada pelos supermercados de médio porte, que oferecem, de acordo com as novas tendências:

- Ambiente de venda em conformidade com as preferências dos consumidores.
- Proximidade.

- Certo componente de venda assessorada e atenção personalizada.

2. Drogarias e perfumarias

As novas drogarias-perfumarias agrupam-se em cadeias e possuem algumas características em comum:

- Prioridade da proximidade ao consumidor.
- Imagem moderna do estabelecimento.
- Apresentação cuidadosa dos produtos.
- Preços competitivos.
- Ampla variedade.
- Marcas mais caras, que atualmente tiveram grandes demandas devido ao aumento do poder aquisitivo, à cultura do consumo e ao aumento da qualidade de vida dos indivíduos.
- Ofertas e promoções que aumentam a rotatividade do shampoo.
- Atenção personalizada.

É o mesmo que dizer que os novos hábitos de compra dos consumidores indicam o triunfo da especialização, que há nessas lojas, baseada na variedade, nas marcas mais caras, na atenção pessoal e na qualidade.

As novas perfumarias-drogarias estão integradas em cadeias de propriedade de um atacadista, que, por sua vez, está associado a centrais de compra.

Se a maior vantagem dessas centrais continua sendo melhores negociações nos volumes de compra, sua evolução trouxe benefícios como a possibilidade de se empreender campanhas publicitárias e promocionais e obter maior protagonismo na gestão dos estabelecimentos. Um exemplo disso é o reforço dado por um elemento que colabora para a especialização desses canais: a formação do pessoal a fim de fornecer uma atenção personalizada aos clientes. Oitenta por cento do orçamento de formação são dirigidos ao pessoal dos pontos-de-venda, que são instruídos tanto em aspectos variados quanto psicológicos.

Mesmo que tenha havido uma redução considerável em suas vendas, ainda existem mais de 20 mil estabelecimentos tradicionais de drogarias e perfumarias na Espanha, o que constitui 4% do setor. Apóiam-se no fator da proximidade, concentrando compras esporádicas, em núcleos urbanos, e habituais, nas zonas rurais (embora em clara redução).

A tendência aponta para uma manutenção do setor, apesar de haver uma diminuição dos volumes de venda, que somente se salva por meio da associação e da renovação de estruturas e proprietários.

3. Farmácias

Embora exista, a distribuição de shampoos em farmácias e salões de beleza, em comparação com as vendas nos estabelecimentos já citados, é consideravelmente menor.

Tal distribuição em farmácias atende a características diferentes das observadas na distribuição em supermercados e drogarias.

As farmácias são abastecidas de marcas de laboratórios especializados em produtos medicinais, para tratamentos contra coceiras, eczemas etc. Também existem shampoos com as mesmas finalidades que aqueles dos supermercados e drogarias, como anticaspa, mas se diferenciam quanto à qualidade, por causa dos componentes distintos, e do preço, sendo mais caros que seus similares encontrados em drogarias, perfumarias e hipermercados.

Nas farmácias, há marketing e promoções, assim como em outras formas de distribuição, para aqueles shampoos que não requerem receita médica ou que não foram previamente prescritos pelo médico. A publicidade no interior desses estabelecimentos normalmente informa sobre promoções existentes.

Da mesma forma que em drogarias e perfumarias, a atenção personalizada é prioritária. O consumidor requer a assessoria de um especialista como o farmacêutico, que, após o médico, pode ser a pessoa a prescrever produtos.

4. Salões de beleza

Se nos hipermercados se preza pelo self-service, nos salões de beleza ocorre o oposto:

- O cabeleireiro é o principal assessor, considerado o grande especialista no tema. Este dá uma atenção personalizada, principalmente para induzir à compra.
- Nesse tipo de estabelecimento, marcas específicas são distribuídas, embora também haja produtos de uso profissional de marcas existentes em drogarias-perfumarias e supermercados-hipermercados.
- Variedade não muito ampla.

- Preços elevados, pois se paga pela especialização, qualidade e composição distinta dos produtos etc.
- Há publicidade nesses estabelecimentos, que informam sobre as características do produto ou linha em geral.

4.4 COSMÉTICA E PUBLICIDADE

A publicidade, atualmente, transformou-se em um elemento intrusivo e onipresente. Há poucos lugares, no âmbito social próximo às pessoas, que não estão impregnados de indicações sobre algum produto ou serviço que deva ser comprado.

Na realidade, não se pode separar o conteúdo informativo do persuasivo da publicidade, pois esta é uma informação persuasiva ou uma persuasão informativa. Entretanto, há anúncios que contêm um componente informativo maior que o persuasivo e vice-versa.

A publicidade consiste naquelas atividades dedicadas a informar e influenciar os consumidores ou compradores potenciais a comprar produtos ou serviços oferecidos pelo anunciante. Influencia o público ao qual se dirige. A compra é orientada por meio da publicidade.

De acordo com a maioria dos autores, o objetivo primordial da publicidade é que o produto apareça na *short list* (ou seja, em uma lista reduzida), relação das primeiras marcas que vêm a nossa cabeça – as preferidas, confiáveis e melhores – quando estamos dispostos a comprar um produto determinado.

Portanto, a informação transmitida pela publicidade não é neutra nem puramente descritiva, pois é orientada a produzir determinado efeito: o de persuadir o consumidor.

A comunicação publicitária é uma informação persuasiva que deve ser baseada nas motivações do destinatário.

A publicidade moderna não somente ressalta as vantagens do produto, mas também os benefícios obtidos pelos consumidores ao adquirirem tal produto. Dessa forma, o publicitário não vende cosméticos; oferece beleza.

As inúmeras técnicas de persuasão dependem do engenho de seu artífice e somente são limitadas pelos meios de comunicação, por algumas restrições legais e pelo Código Deontológico elaborado pelas próprias agências de publicidade. Uma das técnicas elementares, utilizada desde a aparição da publicidade, baseia-se na repetição da mensagem. Freqüentemente, o mesmo anúncio pode ser encontrado na televisão, no rádio, nos jornais e nas revistas, tanto locais quanto nacionais e internacionais, além de aparecerem em cartazes publicitários e folhetos ou na entrada das lojas.

Não se deve esquecer que é preciso determinar claramente o que se almeja com uma campanha publicitária. Deve-se considerar também que a publicidade não produz efeitos imediatos, mas sim retardados. A finalidade da publicidade é alcançar um objetivo intimamente ligado às metas da empresa. Os objetivos da comunicação devem estar a serviço dos objetivos do marketing. A publicidade permite INFORMAR, PERSUADIR E MEMORIZAR para que um objetivo comercial, vinculado às vendas ou ao benefício, seja finalmente alcançado.

Nesse setor, é muito importante:

- **Desenvolver uma publicidade criativa**: nos anúncios de perfumes e cosméticos predominam as idéias de sensualidade, provocação e romantismo. Muitos cosméticos e perfumes também utilizam o luxo e a ostentação como atributos predominantes, por meio da utilização de metais preciosos, jóias, cores douradas e prateadas.

- **Patrocinar grandes eventos**: um perfume ou cosmético pode ser patrocinador de concursos ou prêmios de beleza, desfiles e homenagens a desenhistas, a fim de obter um reconhecimento e prestígio da marca de forma mais subliminar.

- **Participação dos consumidores**: por meio da página eletrônica, o cliente pode entrar em contato com a empresa, realizar pesquisas, comprar produtos e obter informações.

- **Criar lojas próprias**: possuir estabelecimentos próprios nas cidades é importante para que o consumidor tenha a garantia de obtenção de todos os produtos.

- **Oferecer apoio visível a causas beneficentes**: a última tendência de ética e consciência social da população oferece essa possibilidade como forma de patrocínio, destinando-se parte ou todo o lucro de um produto a causas humanitárias por meio da organização de eventos beneficentes.

- **Ser conhecido como líder na equação qualidade/preço**: na verdade, a qualidade mais reconhecida de um bom comprador é a eficiência de sua escolha e seu objetivo final é a obtenção das maiores vantagens com o mínimo custo possível.

- **Criar um personagem ou símbolo que represente a empresa**: essa é uma prática geral das empresas de cosméticos e perfumes como a Revlon, que utiliza em sua publicidade inúmeros personagens conhecidos nos meios de comunicação, tais como Cindy Crawford, que foi a imagem da empresa durante um grande período, substituída atualmente por Rhea Durham. Muitas outras empresas utilizam rostos conhecidos em sua comunicação comercial e vários perfumes utilizam personagens famosos como símbolo (*Poême*, com Juliette Binoche; *Trèsor* com Inés Sastre – ambos da Lancôme; Calvin Klein, com Christy Turlington; Esteé Lauder, com Elizabeth Hurley).

Por meio dessas estratégias, as empresas de cosméticos e perfumes conseguem manter e melhorar o reconhecimento do nome da marca de seus produtos e obter grande fidelização de seus clientes, inúmeras vantagens competitivas, uma forte posição no mercado e o prestígio, além de resultados correspondentes.

A seguir, são apresentados diferentes anúncios do setor e suas respectivas análises.

Cremes de beleza e produtos para o cabelo

Primeiro, deve-se ressaltar que nesses anúncios a função informativa, ou o elemento cognitivo, predomina, pois deve-se comunicar ao consumidor as propriedades, os atributos e as características do produto anunciado, embora isso seja feito por meio de frases curtas e precisas. Normalmente, utilizam-se letras em preto quando o produto é dirigido a um público com 30 anos ou mais, pois o preto transmite idéia de luxo, elegância, prestígio e elitismo, ao passo que letras na cor branca são utilizadas em anúncios de produtos de beleza, estética e higiene dirigidos a pessoas entre 15 e 25 anos, porque o intuito é transmitir uma imagem de pureza, higiene e limpeza em detrimento da imagem de luxo e elitismo.

Entretanto, deve-se destacar que nem toda a informação que aparece no anúncio tem a mesma importância e, por isso, joga-se com os tamanhos das letras. Para comunicar as novidades e os benefícios do produto, uma letra mais espessa, e até mesmo sublinhada, é utilizada para que seja ressaltada. Em todos os casos, a marca do produto sempre aparece em letras maiúsculas e claramente maiores que as demais, de forma que o consumidor relacione o produto à marca. Assim, a possível imagem que o consumidor tem da marca será aproveitada no anúncio de qualquer produto ou linha dessa marca. Se o consumidor notou a qualidade das colônias da Dior, quando vir o nome dessa marca em outro produto desconhecido, como um creme de rosto, ligará a este a qualidade da marca que já foi comprovada e estará mais predisposto a comprá-lo.

Com relação à informação transmitida pelo anúncio, o resultado que o consumidor obterá com o uso do produto costuma ser explicitado, dando-se uma idéia de como ficará o cabelo ou a pele após a utilização de determinado produto. Dessa forma, a L'Oréal, por exemplo, em um de seus anúncios, adianta que o cabelo ficará com um "efeito despenteado", como se a pessoa tivesse "acabado de levantar"; e, em outro, cada personagem do desenho animado tem o cabelo de uma cor para que o consumidor perceba as inúmeras possibilidades de se tingir o cabelo.

Com relação aos formatos das embalagens, predominam as formas arredondadas (frascos redondos), já que estas sugerem suavidade e leveza, sensações muito apropriadas para produtos tão delicados quanto cremes e produtos de beleza.

Nesse tipo de anúncio, predominam as imagens de mulheres e homens muito atraentes e bonitos, pois o objetivo é transmitir ao consumidor que a beleza deles pode ser alcançada por meio do uso do produto anunciado, no caso, um creme. Quer seja em homens ou em mulheres, busca-se um estereótipo de beleza nesse tipo de anúncio.

As figuras masculinas transmitem uma idéia de sucesso, ambição, status e poder, ao passo que a imagem da mulher transmite sensações de cuidado, segurança, proteção, qualidade de vida e relaxamento.

Em geral, eles estão sorrindo. Algumas vezes, o sorriso é claramente perceptível; outras, é mais sutil, como um meio sorriso.

Marcas como a L'Oréal são dirigidas a um público entre 14 e 30 anos, motivo pelo qual a presença de mulheres jovens e adolescentes costuma predominar. Seus produtos são mais baratos, modernos e promovem tendências de beleza e maquiagem mais agressivas e atrevidas. Incluem-se figuras de desenhos animados que fazem sucesso entre os jovens a fim de que esses consumidores se identifiquem com o produto (a L'Oréal utiliza personagens de um mangá que faz muito sucesso entre os jovens). Por sua vez, marcas como a Esteé Lauder são dirigidas a mulheres com 30 anos ou mais, que possuem maior poder aquisitivo.

Nesses anúncios, pode não aparecer figura alguma, chamando a atenção do consumidor para o produto em si, assim como ocorre nos anúncios da Dior e da Eucerín, ainda que nestes a intenção de se transmitir as qualidades e as propriedades do produto continue sendo uma constante.

O predomínio de palavras como "novo", "novidade", "presente" também deve ser destacado. Com isso, busca-se chamar a atenção do consumidor, fazer que este observe o produto e despertar sua curiosidade a fim de que ele mesmo descubra por que o produto é novo. Para que sejam de fácil visualização, as palavras citadas terão um tamanho grande no anúncio.

Da mesma maneira, o uso de jogos de palavras é freqüente, a fim de se levar a mensagem aos consumidores de forma mais rápida e duradoura. O próprio som das palavras, ao serem lidas ou escutadas pelo receptor, desperta sua atenção e a mensagem é memorizada facilmente. Assim, no anúncio do shampoo tonalizante da L'Oréal, aparece a frase "10 cores vivas que vêm e vão em 10 lavagens".

Outra questão que deve ser ressaltada é o fato de que em um anúncio, muitas vezes, não é promovido somente um produto, mas também diferentes produtos da linha. Nesse caso, a confiança do anunciante na imagem que o consumidor tem da marca é aproveitada para que, com uma mesma imagem, vários produtos sejam apresentados. Embora tenham usos diferentes, o consumidor os identificará diretamente com a marca e isso é suficiente para que os comprem (o que ocorre em anúncios da Esteé Lauder e da Clinique). Isso nos leva a pensar que, em certas ocasiões, é preferível anunciar a marca em si aos diferentes produtos que abrange e suas propriedades. Nesses casos, portanto, o tamanho da letra da marca é muito maior que o da letra dos produtos e até mesmo maior que as embalagens.

Com relação às cores utilizadas nos anúncios, a primeira coisa que deve ser destacada é que por meio da cor se chama a atenção de quem vê o anúncio e certas partes do anúncio são destacadas, criando impressões agradáveis e ajudando na retenção seletiva. É conveniente, portanto, fazermos algumas distinções:

- Cores utilizadas no fundo dos anúncios, principalmente nos de cremes, shampoos tonalizantes para o cabelo e outros produtos semelhantes, dirigidos a um consumidor mais jovem, predominam as cores vivas e quentes, tais como vermelho, cor-de-rosa e amarelo. Além disso, são combinadas de forma que contrastes agressivos predominem. As campanhas da L'Oréal são um claro exemplo disso. Já nas de marcas dirigidas a um consumidor mais maduro, predominam os fundos com cores mais suaves e apagadas, a fim de se transmitir uma sensação de maior tranqüilidade, de acordo com um estilo mais clássico e menos rebelde.

- Cores de figuras e personagens dos anúncios: sempre se costuma buscar um contraste entre as cores de fundo e as figuras que compõem o anúncio. Com isso, ressaltam-se os rostos e cabelos dos personagens, já que produtos como cremes hidratantes, cremes para o cabelo e batons estão dirigidos a essas partes do corpo. O papel dos olhos é muito importante, pois, em muitas ocasiões, a cor deles coincide com a cor da embalagem do produto e, em outras, ocorre exatamente o contrário: o fundo do anúncio é da mesma cor que a embalagem e os olhos servirão de contraste. Portanto, a força que os olhos possuem no mundo da publicidade é inegável.

Ainda quanto às cores dos anúncios, é importante considerar o jogo de luz e sombra. Dessa forma, observa-se que os rostos das mulheres e dos homens são claramente iluminados para ressaltar o efeito da aplicação dos produtos, ao mesmo tempo que se transmite uma sensação de sensualidade. Os lábios das protagonistas são de um vermelho tão intenso e brilhante que atraem rapidamente o olhar de quem vê o anúncio. O brilho da pele faz que sua suavidade e delicadeza sejam percebidas e leva novamente o consumidor a pensar que, com a utilização do produto anunciado, tal resultado será obtido.

Colônias

Normalmente, os anúncios de colônias costumam observar alguns postulados da teoria psicanalítica, pois contêm uma clara motivação sexual. Essa manifestação está presente tanto em produtos cujos destinatários pertencem ao setor feminino (*Provocative Woman*, de Elizabeth Arden, *True Star* de Tommy Hilfiger) ou ao masculino (Black Code, de Armani).

A maioria dos anunciantes, como já foi abordado, quer ressaltar a presença de celebridades como nas campanhas dos perfumes *Provocative Woman* (Catherine Zeta-Jones) ou de *True Star* (Beyoncé), fazendo que o consumidor queira se parecer com a celebridade do anúncio e, por isso, compre o produto. Utiliza-se, portanto, a teoria sociopsicológica.

O uso das cores nos anúncios é determinado pelo tipo de público ao qual o produto se dirige, destacando-se a idade, a classe social e o poder aquisitivo do consumidor do produto. As colônias dirigidas a um público jovem utilizam cores claras, predominando o branco, com um leve toque azulado no fundo, passando uma sensação de pureza, bem-estar e sossego, que a utilização desse produto proporciona. Quando o produto é destinado a um público adolescente feminino, utiliza-se uma imagem em preto-e-branco para dar prestígio, elegância, e o frasco do produto anunciado é o único toque de cor.

Já quando o produto é destinado a um público de meia-idade, ressalta-se a juventude; a vitalidade ou agressividade, em alguns casos; e a sensualidade e sedução, em outros. Almeja-se transmitir que, com a utilização do produto anunciado, é possível adquirir a vitalidade ou a capacidade de sedução perdida com o passar dos anos.

Também há produtos que empregam outras formas que não a figura de um personagem, como é o caso da Armani, que se limita a expor o frasco da colônia várias vezes, devido aos 20 anos em que está no mercado. Outro caso é o da Fahrenheit, em que a cor avermelhada, provocada pelo entardecer, é ressaltada, transmitindo tranqüilidade e fusão com o meio.

Alguns aspectos nos quais todos os anúncios analisados coincidem são: a forma horizontal de apresentação da marca; a semelhança estabelecida, às vezes, entre o frasco e a silhueta da protagonista; a variação da cor do frasco de acordo com a intenção que se queira transmitir por meio da colônia, podendo ser, por exemplo, preto para ressaltar uma imagem de luxo, prestígio, exclusividade; vermelho para transmitir tranqüilidade; ou uma cor clara para ressaltar o frescor.

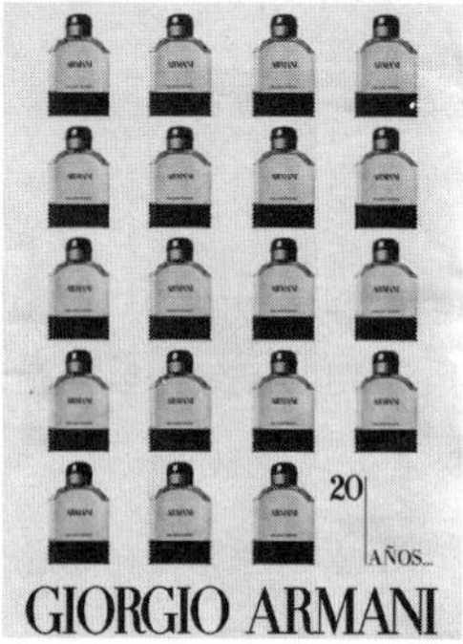

Por fim, em se tratando do tamanho de letra utilizado, deve ser mencionado que a utilização de um contraste entre a letra e o fundo é uma característica comum. A palavra "nova" aparece na maioria dos casos com o objetivo de chamar a atenção dos compradores potenciais. A língua inglesa também é usada com freqüência com a mesma finalidade, acrescida da sensação de algo importado e exclusivo.

Estratégia da Axe

Com uma estratégia diferente da de outros produtos desse setor, o foco principal é chamar a atenção do público em geral, por meio de campanhas controversas, provocantes e polêmicas. Também atinge tal objetivo com o uso de cores chamativas e intensas. A intenção final coincide com a dos outros produtos analisados: transmitir ao consumidor potencial o efeito que pode ser provocado pela utilização do produto. Nessa suposição, com o uso de seus produtos, os homens tornam-se irresistíveis às mulheres e, por isso, não é necessário que sejam atraentes. De fato, os homens que protagonizam essas campanhas não costumam ser modelos de beleza, com isso, ressalta o contraste com as mulheres, que, em geral, são muito bonitas.

A campanha transmite a irresistibilidade dos que utilizam os produtos e também mostra que as mulheres fazem o que esses homens querem. Na Espanha, alguns desses anúncios foram criticados por associações de mulheres, por considerarem que a imagem produzida era pejorativa e vexatória da mulher. Entretanto, o tratamento dado aos homens não era privilegiado, pois sua imagem era a de um "macho", movido mais por instintos que por questões racionais.

Todas as embalagens da linha Axe são pretas, o que transmite uma sensação de luxo, exclusividade e elegância. Isso não significa que esses produtos são destinados a um público com determinado poder aquisitivo; pelo contrário, o público-alvo é qualquer homem de classe média. Por meio dessa embalagem, insinua-se que todos que utilizarem um produto Axe vão adquirir certa "condição social".

Por se tratar de publicidade de cosméticos e perfumes, é preciso mencionar uma série de questões, muito presentes dentro desse tema, conforme se segue.

Exploração do corpo feminino

Quando a publicidade nos impõe a imagem de uma mulher desvalorizada, com uma única missão: seduzir. A mensagem transmitida é o sexo como prêmio pela compra do produto.

O uso da imagem da mulher na publicidade em geral corresponde a vários arquétipos clássicos: objeto de desejo, consumista e seu papel de esposa, mãe e dona de casa.

As campanhas de TV apresentam o consumo como um sinônimo de sexualidade. Um estudo realizado em 1998, na Espanha, comprovou que a grande maioria das campanhas produzidas recompensa o consumidor com satisfação sexual, em vez de amizade ou harmonia familiar.

A exploração do corpo feminino é mais presente em publicidade de bebidas alcoólicas, cigarros e desodorantes, pois se utiliza o sucesso da vida sexual para atrair o consumidor. Na publicidade feita por meio de imagens em que os atributos físicos são priorizados em detrimento dos intelectuais, as mulheres também são desqualificadas e desvalorizadas. Não se pode esquecer também das campanhas com conotações claramente machistas, nas quais as mulheres somente se dedicam a satisfazer as necessidades de sua família.

Ainda existe publicidade sexista no mundo atual?

Os intervalos publicitários são pausas em que a mente do ser humano está totalmente relaxada: não rejeita, não critica, não aceita, pelo menos em um primeiro momento, porém, guarda toda a informação que vê e escuta. Seu subconsciente, durante tais momentos de descanso e indiferença, é como uma esponja que absorve tudo sem nenhum limite, além da própria imaginação.

Atualmente, as distinções entre homens e mulheres são bem menores, mas continuam existindo e podem ser observadas claramente nos anúncios publicitários. Um exemplo da ridicularização dos afazeres da mulher é claro quando aparece um homem cozinhando como um profissional, com chapéu de *chef*, ao passo que as mulheres são consideradas como meras donas de casa e não como especialistas. A mensagem que se tenta transmitir é a de que os homens se adaptam cada vez mais às tarefas domésticas, aproximando-se definitivamente do mundo das mulheres, ainda que falte um longo caminho para que a sociedade alcance uma igualdade completa entre homens e mulheres, tanto no mundo real quanto no publicitário.

Como abordado anteriormente, a campanha do perfume *Cinéma*, de YSL, é um exemplo (páginas 33 e 50). Outro exemplo, que também pode ser citado, é a campanha do perfume *Intense*, de Hugo Boss.

Nesse anúncio, traz uma mulher e um homem. É ela quem usa o perfume; seu rosto, de frente, aparece nitidamente. O homem, ao contrário, aparece de costas. O público deduz que a mulher obteve sucesso por meio do poder do perfume.

Essa publicidade pode ser definida como sexista, pois insinua o poder que a mulher possui, o que a torna perigosa e manipuladora. Nesse sentido, o perfume amplia esse poder e aceita essa imagem da relação mulher-homem. Tal mensagem é ratificada pelo fato de que o rosto do homem não importa e não é visível.

Esse tipo de publicidade também pode ser visto como uma emancipação da mulher. No entanto, é uma simplificação de seu caráter e desejo, bem como uma humilhação dos homens.

Publicidade geral

Esse anúncio da *Fructis*, de Garnier, reflete que a mulher deve ser o mais feminina possível. Por isso, a relação entre cabelo e feminilidade é utilizada.

Ainda que não seja negativo, às vezes, esse tipo de publicidade é estereotipado e limitado. Portanto, essa publicidade pode ser vista como forma sutil de sexismo.

Apesar dos avanços registrados nos últimos anos, nos quais se observa maior conscientização dos profissionais com relação à imagem discriminadora das mulheres nos meios de comunicação, a eliminação das mensagens que contribuem para a criação desse tipo de estereótipo certamente deveria ser o ponto de partida prioritário a fim de se enfrentar, com possibilidades de sucesso, o problema da discriminação de gênero.

Consideramos a importância de se ampliar a representação das mulheres por meio de imagens positivas, que reflitam a realidade autêntica. Devemos nos lembrar que há juízas, engenheiras, turistas ou ministras, e que isso deveria refletir na imagem da mulher, transmitida nos meios de comunicação.

Propaganda enganosa

São denominados dessa forma todos os anúncios publicitários que induzem os destinatários ao erro por meio de suas mensagens, afetando desse modo seu comportamento econômico.

Por exemplo, é conveniente desconfiar de empresas de cosméticos que prometem ter a solução definitiva contra rugas ou celulites.

Algumas palavras técnicas, utilizadas para descrever os componentes de certos cosméticos, nem sequer existem, mas criam nas pessoas a sensação de estarem consumindo um produto de eficácia comprovada cientificamente.

- Exemplos de anúncios em que aparecem conceitos, supostamente científicos, inexistentes:
  - Creme anticelulite: "*molécula devora-gordura*".
  - Creme anti-rugas: "enriquecido com *silício reestruturante*".

- Exemplos de anúncios em que conceitos científicos são utilizados de maneira inadequada ou em que aparecem afirmações incorretas da perspectiva científica:
  - Creme hidratante: "com [...] água fisiológica é *canalizada e dominada*, proporcionando assim recursos de hidratação permanentes a sua pele".
  - Creme hidratante: "o magnésio, *fonte de energia*".

O magnésio, por si só, não é fonte de energia. É possível que o magnésio ou algum de seus compostos produza reações bioquímicas que liberem energia, mas essa também é uma verdade para muitos elementos químicos.

- Cosmético: "seu bom funcionamento depende da presença, no meio extracelular, das *moléculas inteligentes* chamadas *citoquininas*".

- Creme hidratante: "2/3 de nossa pele evaporam. Com [...] a água permanece na pele de forma duradoura".

Talvez esteja se referindo à água de nossa pele, que efetivamente pode evaporar fora das células. Da mesma forma, é possível afirmar que uma porcentagem elevada do corpo humano pode se evaporar.

- Creme: "*energia regeneradora* no tratamento contra as rugas".

- Exemplos de anúncios que apresentam comparações quantitativas inadequadas, incompletas, indeterminadas ou unilaterais:
  - Creme: "[...] graças ao óleo de [...], que proporciona uma ação revitalizante e antienvelhecimento *4 vezes mais importante*".

Não há comparação com nenhum outro produto e não se indica como a importância pode ser medida quantitativamente.

- Exemplos de anúncios que apresentam discursos e argumentos enganosos:
  - Cosmético: "sua rica fórmula, com 94,8% de princípios ativos, corrige as imperfeições da fibra capilar".

A concentração de "princípios ativos" não é garantia de maior eficácia. Em determinadas situações, é até mais conveniente utilizar soluções mais diluídas.

Em muitos anúncios, mostram-se mulheres jovens, que aparentemente não possuem nenhuma imperfeição. Curiosamente, isso ocorre em anúncios que vendem produtos para atenuar e/ou prevenir pequenos defeitos. Aí reside o problema (ou o "engano") muito freqüente nesse tipo de anúncio, tanto em meios audiovisuais quanto na imprensa escrita.

A seguir, serão analisadas algumas campanhas publicitárias, correspondentes ao setor de higiene pessoal, perfumaria e cosméticos, utilizando-se todos os aspectos expostos ao longo do livro.

Gillette M3 Power

Produto: Apresenta um aparelho de barbear equipado com um motor que melhora o resultado.

Formato: Trata-se de uma imagem em papel, em cores.

Mídia: Revista mensal de divulgação científica. Dentro da revista, ocupa uma página inteira, situada à direita. Essa posição é importante, pois está apresentada entre as páginas da reportagem principal desse número.

Público-alvo: Dirigido àqueles homens que utilizam aparelhos de barbear descartáveis, mas que, ao mesmo tempo, preocupam-se muito com a qualidade, suavidade, sensação, perfeição etc. Aparentemente, não há uma distinção com relação à idade do público-alvo.

Anúncio: Combina muitas variáveis publicitárias:

- *Composição*: No primeiro plano, está o aparelho de barbear anunciado, rodeado de ondas, que simbolizam a força do produto e do slogan: "sinta o poder do melhor barbeado" (*siente el poder del mejor afeitado*). Na parte inferior, há animações que nos mostram a diferença entre esse aparelho e outros.

- *Logotipo*: Encontra-se na parte inferior direita do anúncio.

- *Slogan*: Gillette "O melhor para o homem" (*el mejor para el hombre*). A palavra "melhor" (*mejor*) é utilizada, evocando um sentimento de auto-realização e superioridade.

- *Cores*: Como sabemos, as cores e as formas são muito importantes para chamar a atenção e transmitir uma mensagem concreta. Nesse caso, o contraste entre o preto e o verde foi utilizado, misturando-se a elegância e o prestígio com a auto-afirmação, a autonomia e a independência.

Gel hidratante Clinique

Produto: Apresenta o gel hidratante da marca Clinique.

Formato: Trata-se de uma imagem em papel, em cores.

Mídia: Revista feminina, em uma página inteira do lado direito (os leitores prestam mais atenção nesse lado).

Público-alvo: Dirigido a mulheres entre 18 e 35 anos que cuidam da aparência e querem manter a pele hidratada, especialmente se esta for oleosa. Em geral, esse público possui poder aquisitivo de médio a alto.

Anúncio:

- *Imagem*: o frasco do produto. Trata-se de uma embalagem de material transparente, de forma que se veja a cor amarelada do gel. Impresso no frasco, encontra-se o símbolo que representa a marca e, abaixo, o nome da marca está grafado. Mais abaixo, aparece um texto escrito em inglês e francês, que significa: "novo gel hidratante drasticamente diferente". Como vimos, destacam-se as palavras "novo" e "diferente" a fim de criar no cliente a sensação de que vale a pena comprar esse produto porque será a solução para todos os problemas que possui e que nenhum outro produto conseguiu resolver. A relação entre a figura, ressaltada em primeiro plano e incompleta, e o fundo, insignificante, pode ser claramente observada.

- *A gota* que escorre pelo frasco reflete a textura do produto, dando a impressão de suavidade e pureza, devido a suas formas arredondadas e semitransparentes.

- *O último texto* está situado no canto inferior direito, em um tamanho bastante reduzido. Nele, repete-se, em espanhol, em razão de ser veiculado na Espanha, o slogan que estava escrito no frasco. Da mesma forma, o gel é identificado como se fosse uma "bebida para a pele".

Clinique skin supplies for men

Produto: Creme anti-rugas cuja característica principal é a de estimular a pele para que produza e mantenha a hidratação. Além disso, possui uma característica muito importante: é 100% sem perfume, já que a cada dia mais pessoas necessitam disso devido a alergias.

Formato: Trata-se de uma imagem em papel, em preto-e-branco.

Mídia: Revista mensal de divulgação. Anúncio de página inteira, situada à direita, ocupando uma página entre uma reportagem e outra.

Público-alvo: Homens entre 30 e 35 anos, com certo nível cultural, provavelmente profissionais liberais, com poder aquisitivo relativamente alto e preocupados com a estética.

Anúncio:

- *Composição*: O produto se encontra no centro da página, sobre um fundo preto e rodeado de gotas d'água. Na parte superior direita, há o slogan do produto e abaixo um texto que nos informa sobre suas qualidades.

- *Logotipo*: Surpreendentemente, o logotipo da marca não aparece em nenhum lugar na página, mas pode ser visto no produto em si, em seu rótulo.

- *Slogan*: "Restaura a hidratação. Combate as linhas de expressão" (*Restaura la hidratación. Combate lãs líneas*). Pode-se dizer que as duas frases curtas resumem bem a finalidade do produto. Esse slogan não parece ser muito comercial, pois as frases não são fáceis de memorizar.

- *Cores*: Joga com o branco e o preto. Observa-se que a água exerce grande importância, pois evoca o efeito de hidratação desse produto. Os tons brancos dão a impressão de pureza, higiene, transparência e limpeza, e a cor preta, de elegância e sofisticação.

Hugo Boss Baldessarini

Produto: Colônia cuja característica principal é seu direcionamento a um público masculino, na faixa dos 40 anos, mas que não abrange a terceira idade. Isso está refletido no slogan, que diz que a colônia distingue os homens dos garotos. Deduz-se que é uma colônia forte, que não condiz com as preferências de homens na faixa dos 20 anos, pois estes preferem colônias mais frescas.

Formato: Trata-se de uma imagem em papel, em cores.

Mídia e público-alvo: Revista mensal de divulgação científica, cujos leitores costumam ser homens entre 25 e 60 anos. Possivelmente, o público-alvo sejam profissionais liberais, com certo poder aquisitivo, preocupados com a imagem.

Anúncio:

- *Composição*: Em primeiro plano, a colônia é mostrada e atrás dessa imagem está o homem que a utiliza. O aspecto do homem e do ambiente predominantemente preto passa a idéia de que é uma colônia de prestígio, para pessoas com classe.

- *Logotipo*: Está situado na parte inferior, com letras brancas e sobre um fundo escuro, quase preto.

- *Slogan*: Encontra-se na parte superior esquerda e é dirigido ao público-alvo do anúncio.

- *Cores*: Conhecemos a importância das cores no lançamento de um produto. Nesse caso, destacam-se as cores escuras, evocando elegância, prestígio e luxo.

Rexona Crystal

Produto: Desodorante Rexona Crystal, contra manchas brancas, para mulheres.

Formato: Trata-se de uma imagem gráfica, em cores.

Mídia: Publicação mensal, dedicada à moda e às últimas tendências. Dentro da revista, ocupa as páginas centrais, intercalado a uma reportagem sobre trajes de noite.

Público-alvo: Dirigido a mulheres jovens que, devido a eventos profissionais, terão de se vestir com beleza e elegância.

Recomendação de um famoso: Em um dos textos que acompanham a foto, especifica-se que esse desodorante é recomendado pelo designer da marca Duyo para quando as pessoas vestem roupa preta e não querem que o desodorante a manche de branco. O respaldo do designer também indica a que público o anúncio é dirigido, já que a grande maioria de leitores, que não está acostumada a esse tipo de revista, não o conhecerá; nesse caso, sua imagem perde a eficácia.

Anúncio: Composto por quatro partes principais:

- *Imagem 1*: Apresenta uma mulher jovem, vestida de preto, de forma elegante. A finalidade dessa foto é mostrar como não há restos de desodorante seco na região das axilas (e, portanto, como o produto anunciado funciona) e quais são os tipos de roupa (escuras) que requerem mais o uso desse desodorante.

- *Imagem 2*: O tubo que contém o produto é mostrado. Essa imagem está situada no canto inferior direito e acima há o logotipo da marca Rexona, em tamanho maior que o real.

- *Slogan*: "Manchas brancas? Não, obrigada" (*Manchas blancas? No, gracias.*). A mensagem reafirma a idéia de que não haverá mais manchas de desodorante. Por meio dessa linguagem, descreve-se novamente uma usuária independente, muito segura de si e que sabe o que quer.

- *Texto*: Explica brevemente qual é a função desse novo produto.

- *Cor*: Enfatiza-se o preto como a cor da elegância.

Fórmula firmadora da pele em três passos, da Dove

Produto: Produtos firmadores da pele da marca Dove.

Imagem da marca: Dove é uma marca de produtos de higiene e tratamentos corporais relativamente nova nesse tipo de cosmética. Por isso, está realizando uma campanha em que utiliza mulheres que não se enquadram nos protótipos das modelos. Dessa forma, pretende se aproximar das mulheres que realmente comprarão o produto.

Formato: Trata-se de uma imagem gráfica, em cores.

Mídia: Revistas femininas, de publicação mensal e tiragem nacional, e campanha de TV.

Público-alvo: Qualquer mulher, a partir de aproximadamente 20 anos, que utilize esse tipo de produto. Não é necessário que se tenha um corpo perfeito ou alto poder aquisitivo.

Bibliografia

ALONSO RIVAS, J.; GRANDE ESTEBAN, I. *Comportamiento del consumidor*: decisiones y estrategia de marketing. 5. ed. Madri: ESIC, 2004.

BASSAT, L. *El libro rojo de la publicidad*. Barcelona: Folio, 1994.

CRUZ ROCHE, I. *Fundamentos de marketing*. 1. ed. Barcelona: Ariel, 1990.

GIL LAFUENTE, J. *Marketing para el nuevo milenio, nuevas técnicas para la gestión comercial en la incertidumbre*. Barcelona: Pirámide, 1997.

GRANDE ESTEBAN, I. *Marketing croscultural*. Madri: ESIC, 2004.

KOTLER, P. *Marketing management*. 6. ed. Essex: Prentice-Hall, 1998.

LAMBIN, J. J. *Marketing estratégico*. Madri: ESIC, 2003.

LOUDON, D. L.; DELLA BITTA, A. J. *Comportamiento del consumidor*: conceptos y aplicaciones. México: McGraw-Hill, 1995.

MOLINÉ, M. *La comunicación activa*. Publicidad sólida. Bilbao: Deusto, 1996.

NELKIN, D. *La ciencia en el escaparate*. Madri: Fundesco, 1990

________. *Las imágenes de la ciencia en la prensa americana*. Arbor: Ciencia, Pensamiento y Cultura, p. 129-141, 1991.

OGILVY, D. *Confesiones de un publicitário*. Barcelona: Orbis, 1984.

PERALBA, R.; GONZÁLEZ, R. Las 22 leyes inmutables del marketing (1). *IPMARK*, n. 462, p. 38-43, fev. 1996.

RIVERA CAMINO, J. *Conducta del consumidor*: estrategias y tácticas aplicadas al marketing. Madri: ESIC, 2000.

ROMEU, J. *La eficacia de la publicidad ha descendido durante los últimos anos*. *IPMARK*, n. 468, p. 46-47, 1996.

VIVAR NEBREDA, L. W. Castilla y León: Dirección General de Comercio y Consumo de la Consejería de Fomento, 1991.

Referências da web

www.acnielsen.com

www.avon.es

www.biotherm.com

www.carrefour.es

www.clinique.es

www.colgate.es

www.comitederadio.com

www.conocedoras.com

www.cosmobelleza.com
www.diadermine. com
www.dodot.es
www.dove.com
www.emporioarmani.com
www.estarguapa.com
www.fraganciasycosmeticos.es
www.guiadeprensa.com
www.herbalessence.com
www.hugoboss.com
www.icex.es
www.inc.es
www.infofranquicias.com
www.innatia.com
www.kandoo.es
www.lacoste.es
www.lindisima.com
www.loreal.com
www.marketingdirecto.com
www.maxfactor.com
www.mujeractual.com
www.mundobelleza.com
www.oralb.com
www.percepnet.com
www.periodistadigital.com
www.perfumedia.com
www.publitv.com
www.queanuncios.com
www.revistaconsumer.es
www.revlon.com
www.stanpa.es
www.thebodyshop.es
www.unesco.org
www.youtube.com
www.veet.es
www.vichy.com
www.vogue.es

Periódicos

Revista *Diez Minutos,* mar. 2005.

Revista *Diez Minutos,* n. 2.754, 4 jun. 2004.

Revista *El Pais Semanal,* n. 1.483, dom. 27 fev. 2005.

Revista *El Pais Semanal,* n. 1.484, dom. 6 mar. 2005.

Revista *El Pais Semanal,* n. 1.485, dom. 13 mar. 2005.

Revista *El Pais Semanal,* n. 1.486, dom. 20 mar. 2005.

Revista *Glamour,* fev./mar. 2005.

Revista *Glamour,* n. 30, abr. 2005.

Revista *Lecturas,* n. 2.760, 18 fev. 2005, "Lecturas".

Revista *Nova,* jan. 2005.

Revista *Novedades El Corte Inglés,* n. 57, mar. 2004.

Revista *Telva,* maio 2003, out. 2004 e dez. 2004.

Crédito das Imagens

Capítulo 2

Página 32: Gel Aromático Body Creator, de Shiseido. Reproduzida com permissão de Shiseido.

Página 37: Loção Bronzeadora Sisley. Cortesia de Sisley. Reproduzida com permissão.

Página 46: Fraldas Johnson Baby e Linha Johnson's Soft. Cortesia de Johnson & Johnson Brasil. Reproduzidas com permissão.

Página 51: Perfume Halloween, de J. Del Pozo. Reproduzida com permissão.

Capítulo 3

Página 105: H&S for Men. Reproduzida com permissão de Procter & Gamble Brasil.

Página 119: Campanha de Dove. Reproduzida com permissão de Unilever N.V. e Unilever Brasil Ltda.

Capítulo 4

Página 133: Perfume Hugo, de Hugo Boss. Reproduzida com permissão de Procter & Gamble International Operations S.A.

Página 138: Espuma para barbear Gillette e Espuma para barbear Gillette Peles Sensíveis. Reproduzidas com permissão de Procter & Gamble Brasil.

Página 140: Gel de banho Dove. Reproduzida com permissão de Unilever N.V. e Unilever Brasil Ltda.

Página 140: Linha Colorterapia de Agatha Ruiz de La Prada. Reproduzida com permissão de Agatha Ruiz de La Prada.

Página 140: Gel de banho Massimo Dutti.

Página 140: Shampoo Palmolive Kids. Cortesia de Colgate Palmolive. Reproduzido com permissão.

Página 140: Shampoo Pantene PRO-V. Reproduzida com permissão de Procter & Gamble Brasil.

Página 142: Máscara capilar Pantene PRO-V. Reproduzida com permissão de Procter & Gamble Brasil.

Página 144: Maquiagem Max Factor. Reproduzida com permissão de Procter & Gamble Brasil.

Página 145: Creme dental Kemphor. Cortesia de Laboratorios Verkos, S.A. Reproduzido com permissão.

Página 145: Colgate MaxFresh cristais refrescantes; Colgate Bob Esponja; Colgate Plax Fresh Mint. Cortesia de Colgate Palmolive. Reproduzido com permissão.

Página 183: Gillette M3 Power. Reproduzida com permissão de Procter & Gamble Brasil.

Página 188: Perfume Baldessarini, de Hugo Boss. Reproduzida com permissão de Procter & Gamble International Operations S.A.

Página 189: Rexona Crystal. Reproduzido com permissão de N.V. e Unilever Brasil Ltda.

Página 190: Dove, fórmula firmadora da pele. Unilever N.V. e Unilever Brasil Ltda.

Esta Editora empenhou-se em contatar os responsáveis pelos direitos autorais de todas as imagens e de outros materiais utilizados nesse livro. Se por ventura for constatada a omissão involuntária na identificação de alguns deles, dispomo-nos a efetuar, futuramente, os possíveis acertos.

Uma das melhores da Europa, agora também no Brasil.

A ESIC Business & Marketing School, fundada em 1965, foi o primeiro centro de estudos superiores de Marketing da Espanha e vem formando, desde então, profissionais capazes de enfrentar os desafios mercadológicos em todos os níveis empresariais. Sua atuação nas 12 principais cidades da Espanha e também em Curitiba, no Brasil, reforça sua proposta de excelência mundial na formação em gestão de negócios e marketing.

A ESIC é membro da European Foundation for Management Development (EFMD), membro do Consejo Latinoamericano de Escuelas de Adminstración (CLADEA) e membro fundador da Asociación Española de Representantes de Escuelas de Dirección de Empresas (AEEDE), o que garante ao aluno e a todos os envolvidos nos processos da Instituição um alto padrão na qualidade de ensino e dos serviços, além de reconhecimento internacional.

A sede da ESIC em Curitiba-PR, com ações e situações similares a de todas as sedes na Espanha, foi desenvolvida para oferecer uma formação completa em gestão de negócios e marketing. Com conteúdo baseado na realidade empresarial, que reúne o que há de melhor no ensino dessas especializações, e técnicas modernas e consagradas em todo o mundo, gera os melhores resultados, tanto no âmbito acadêmico como nos vastos e importantes trabalhos realizados junto às maiores empresas mundiais.

Essa formação altamente especializada, sua excelente e moderna infra-estrutura, um corpo docente extremamente qualificado e um alto padrão de excelência no ensino garantiram à ESIC, aqui no Brasil, além do reconhecimento perante o Ministério da Educação (MEC), uma posição de destaque no cenário nacional, solidificada por premiações como o Top de Marketing no Paraná, no ano de 2005, e a posição de melhor programa MBA Executivo em todo o sul do país, no ranking da revista *Você S/A*, publicado em outubro de 2006.

Além da mais alta formação acadêmica, com cursos de graduação e pós-graduação, a ESIC oferece a todos os envolvidos em seus processos Escola de Idiomas, Editora, *Executive Education* (área que proporciona uma formação permanente, profunda e especializada ao mundo das organizações), Museu da Embalagem, Departamento de Oportunidades Profissionais, Empresa Júnior (PLANESIC), Simulador de Empresas e Marketing Games, Laboratório de Informática, Acesso *Wireless*, Biblioteca Especializada, Convênios e Relações Internacionais, Formatura diferenciada e Antigos Alunos da ESIC (AESIC).

Cromosete
Gráfica e editora Ltda.
Impressão e acabamento
Rua Uhland, 307 - Vila Ema
03283-000 - São Paulo - SP
Tel/Fax: (011) 6104-1176
Email: adm@cromosete.com.br